Archea Associati. Green Energy Laboratory

Archea Associati

Green Energy Laboratory

A cura di / Edited by
Laura Andreini

Testi di / Texts by
Valerio Paolo Mosco
Zhenning Fang

FORMA

Progetto editoriale / Editorial project
Forma Edizioni srl, Firenze, Italy
redazione@formaedizioni.it
www.formaedizioni.it

Direttore editoriale / Editorial director
Laura Andreini

Redazione / Editorial staff
Maria Giulia Caliri
Livia D'Aliasi
Andrea Benelli
Valentina Muscedra

Progetto grafico / Graphic design
Mauro Sampaolesi
Isabella Peruzzi

Fotolitografia / Photolithography
LAB di Gallotti Giuseppe Fulvio, Firenze

Traduzioni / Translations
Maureen Fay Young
Miriam Hurley

Testi / Texts
© gli autori / the authors

Crediti fotografici / Photo credits
© Archea Associati: pp. 101, 105, 122 (nn. 1, 2, 5-6, 9), 123 (nn. 3, 4, 7, 8, 9), 124 (nn. 12, 13, 16, 17, 20, 21), 125 (nn. 14, 15, 18, 19, 22), 126 (nn. 23, 24, 27, 28, 31, 32), 127 (nn. 25, 26, 29, 30, 33), 128 (nn. 34, 35, 38, 39, 42, 43), 129 (nn. 36, 37, 40, 41, 44)
© Valentina Muscedra: pp. 68, 69, 70-71, 122 (n. 10), 123 (n. 11)
© Pietro Savorelli: p. 74
© Charlie Xia: pp. 6-7, 8-9, 21, 24-25, 26-27, 28-29, 33, 34-35, 36-37, 39, 40-41, 42, 45, 46-47, 52-53, 54-55, 57, 58-59, 60-61, 62-63, 64, 65, 67, 73, 81, 86, 87, 88-89, 90, 91, 92-93, 94, 95, 96-97, 106-107, 110-111, 112-113, 114-115, 116-117, 118-119, 120-121, 131, 134-135

Disegni / Drawings
© Archea Associati

Prima edizione: marzo 2021

First Edition: March 2021

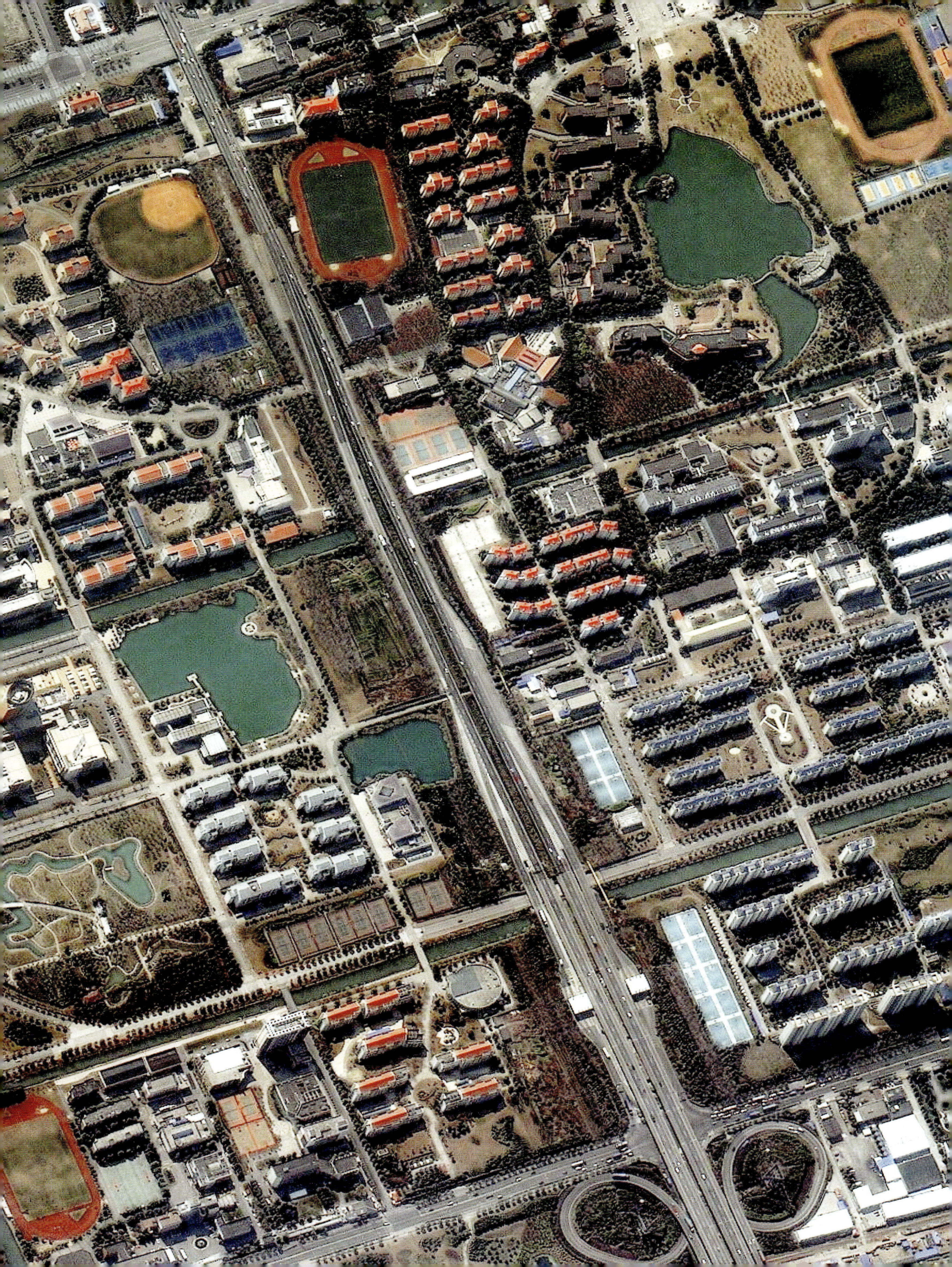

Semplicità e alta efficienza energetica

Valerio Paolo Mosco

Il Green Energy Laboratory (GEL) che Archea ha realizzato a Shanghai con il contributo per la parte di progettazione strutturale della F&M Ingegneria è interessante per molteplici aspetti. Si presenta come un oggetto edilizio elementare con solo due aggettivazioni a cui è demandata l'immagine generale: l'ultimo livello, il terzo, arretrato rispetto all'ingombro della cassa edilizia con un forte tetto inclinato per ospitare i pannelli fotovoltaici, e il rivestimento dell'involucro realizzato con un paramento avvolgente di elementi di terracotta il cui disegno interpreta alcuni pittogrammi tipici della lingua cinese. Il resto dell'edificio sembra essere asservito a questi due elementi in una complementarietà rigorosa.

Partiamo dalla forma generale, più precisamente da quel suo profilo sintetico che tende a ridursi ad una silhouette immediata e come tale facilmente ricordabile. Proprio attraverso questa significativa silhouette il GEL dimostra sia l'appartenenza ad una tradizione ben precisa, le forme archetipiche, come anche il far parte di una tendenza che tenta di semplificare i linguaggi rendendo più esplicita la carica narrativa del progetto. Il profilo che il GEL disegna nel cielo, con il suo ultimo livello a falda, rimanda ad un mondo di forme primarie, elementari; un mondo che se non è l'iperuranio di Platone, si avvicina ad esso. Ne risulta una figuratività scenografica e trasognante che però non ha nulla di trascendente o iniziatico, anzi è fortemente percettibile e ricordabile, tanto da poter essere facilmente ridisegnata, vista l'assenza di una non richiesta complessità. Questa intenzionalità a un linguaggio "nativo", sintetico, convenzionale ed immediato, è ben nota alla cultura italiana. Negli anni '20 un gruppo di critici e pittori (Broglio, Carrà, Savinio) teorizzarono una corrente che con una certa grossolanità è stata ricondotta a un più generale ritorno all'ordine che invece rappresenta solo uno degli intenti di un movimento ben più complesso.

I "Valori plastici" predicavano una pittura dai contorni netti, rigorosa ed essiccata, generata da poche forme archetipiche che in relazione tra loro avrebbero determinato un paesaggio in cui sarebbe rivissuto un melanconico senso del passato (pensiamo alle citazioni di Giotto da parte di Carrà), il tutto in un'atmosfera enigmatica, quasi che lo stesso quadro potesse essere assimilato ad un rebus. Il risultato sono opere di una metafisica più accessibile, stemperata e meno retorica rispetto a quella di De Chirico, più immediata, tanto che oggi si potrebbe definire "pop", nel senso che utilizza etimi convenzionali e corrivi. In architettura pochi sono riusciti a gestire la forte iconografia di queste forme dai contorni netti, ordinate e dal simbolismo immediato; tra questi il primo Moretti e Libera, artisti che hanno avuto la capacità di non bruciarsi con il pericoloso gioco dei "Valori plastici". La pianta così semplice del GEL, la sua perentoria assertività elementare, il suo profilo al cielo che disegna una sorta di capanna stilizzata, il suo rivestimento unitario e avvolgente, rimandano proprio a Libera e, come avviene nelle sue migliori opere, i caratteri dell'edificio non vanno considerati a sé stanti, ma in relazione al contesto, come se l'edificio fosse parte di un paesaggio considerato e valutato come una composizione pittorica. L'attrazione per la forma arcaica, persino velatamente vernacolare e sapientemente banale, capace di comunicare a tutti indistintamente, è qualcosa, che passata la stagione dei "Valori plastici", ha avuto un significativo recupero – sebbene indirettamente – circa cinquant'anni dopo e a questa seconda valorizzazione si riferiscono opere come il GEL. Agli inizi degli anni '80, la Transavanguardia è riuscita ad opporsi allo strapotere dei linguaggi astratti, ritornando a quell'"impulso allegorico" di cui parlava in quegli anni Craig Owens; un'operazione importante che l'architettura dell'epoca ha frettolosamente interpretato come ritorno alla storia.

Negli ultimi tempi stiamo assistendo, specialmente in Italia, ad un ritorno dell'impulso allegorico, ma questa volta è come se la storia fosse stata congelata per esprimere invece un senso della forma quasi ancestrale e primigenio: originale, nel senso etimologico del termine. Tutto ciò coinvolge, oltre l'aspetto esterno dell'edificio (nel caso specifico del GEL il suo profilo) anche le piante che tendono a recuperare una schematicità ed una icasticità di impianto che inevitabilmente rimanda alla "Tendenza" e ai radical degli anni '60 nell'ipotesi, testimoniata in maniera paradigmatica dall'azione critica di Pier Vittorio Aureli e dal gruppo che gravita intorno alla rivista San Rocco, secondo la quale l'architettura debba oggi tornare a riscoprire la sua autonomia sforzandosi di ridurre il più possibile quella distanza tra schema, disegno e costruzione. Sfogliando proprio le pagine di San Rocco risulta evidente un'attrazione fatale nei confronti dello schematismo, del rigore e dell'essiccamento delle componenti e delle aggettivazioni; un'attrazione essenzialmente spiegabile

Simplicity and high-energy efficiency

Valerio Paolo Mosco

The Green Energy Laboratory (GEL) in Shanghai, designed by Archea in collaboration with F&M Ingegneria for the structural design, has a number of remarkably interesting aspects. It appears as a basic block form, with just two elements characterising its overall image: the top floor (Level 3) is set back from the block shape by means of a steeply pitched roof that hosts photovoltaic panels, and the entire building is wrapped in a façade made with terracotta elements, the designs of which suggest Chinese pictograms. The rest of the building seems dependent on and in service to these two elements, in a precise complementary relationship.

Let us begin by examining the general form of the building. Its compact contour is reduced to an easily understood and memorable silhouette that places the GEL building within a specific tradition of archetypal forms. At the same time, it follows a trend towards simplified vocabularies that render the design's narrative impact more explicit. With its sharply sloped top floor, the contour of the GEL building against the sky suggests a world of basic primary shapes, almost but not quite Platonic solids. The result is a dramatic, dream-like figurative quality which nonetheless has nothing about it that is transcendent or mysterious. The form is indeed extremely easy to perceive and remember, so lacking in unnecessary complexity that it could be easily drawn from memory. This intentional choice of a vocabulary that is "innate", concise, conventional, and direct is a familiar one in Italian art and architectural culture. In the 1920s, a group of critics and painters (including Broglio, Carrà, and Savinio) developed a theory that was expressed in a magazine called Valori plastici (plastic values). Though the movement based on this theory has been rather reductively tied to the more general European art movement called "Return to order", this was only one of the objectives of Valori Plastici, the ideals of which were actually far more complex.

Valori Plastici preached painting just a few archetypal forms, with clear, sharp edges and composed in such a way that their relationships to each other create a landscape enveloped by an atmosphere of melancholy (see Carrà's comments regarding Giotto) and enigma, to the extent that the work becomes a sort of puzzle. The resulting paintings have metaphysical qualities that are more accessible, toned down, and less rhetorical than those of De Chirico. They are more direct, and today might be called "Pop Art" in the sense that they make use of conventional, facile etymons. In architecture, few have succeeded in managing the powerful iconography of these forms with clean, orderly edges and direct symbolism. The architects Luigi Moretti and Adalberto Libera were among the few who managed to avoid getting burnt in the dangerous game of Valori Plastici. GEL's very basic configuration in plan, its peremptory, basic assertiveness, and its contour against the sky create a sort of stylised shed which, along with its continuous building envelope, bring Libera to mind. As in Libera's best works, the building's traits are not considered in and of themselves, but in relationship to the context, as if the building were part of landscape considered as a pictorial composition. The attraction of the archaic forms, perhaps even subtly vernacular and intentionally simplistic, is that they are capable of communicating with everyone without distinction. Though the era of Valori Plastici concluded long ago, a considerable, though indirect, revival of its principles began more than fifty years later. Works like GEL can be considered part this second phase. In the early 1980s, the Italian Transavantgarde movement succeeded in opposing the overwhelming power of abstract styles, returning to the "allegorical impulse" that Craig Owens wrote about at the time. This important operation was hastily conveyed by the era's architecture as a return to history.

Recently, particularly in Italy, we are seeing a return to allegorical impulses. This time it is as if history were frozen to express a sense of form that is almost ancestral and primitive; original, in the etymological sense of word. All of this affects both the building's external appearance (and, in the specific case of GEL, its contour) as well as its floor plans, which tend to follow a schematic, incisive layout that inevitably evokes the "Tendenza" movement and the radicals of the 1960s, as seen in the paradigmatic criticism by Pier Vittorio Aureli and the group that gravitated around the San Rocco magazine. The theory had it that architecture should rediscover its autonomy, striving to minimise the distance between scheme, design, and construction. If we look through the pages of San Rocco there is a clear, irresistible attraction towards schematic design, with precise, cut-and-dried components and adjectives. This attraction can be explained as a phenomenon of reaction to the overdesigned work that was all the rage during deconstructionism. Tastes have changed, likely thanks to the

come fenomeno di reazione nei confronti di quell'overdesigned che ha imperversato durante gli anni del decostruttivismo. Probabilmente complice la crisi che quotidianamente ci fa render sempre più conto di quanto siano limitate le risorse, il gusto è cambiato. Tutto ciò che mette in campo troppi mezzi e troppe risorse ormai irrita in quanto va a colpire quella permalosa zona grigia dove l'estetica trova legittimazione nell'etica. C'è da dire che l'architettura italiana, e con essa il lavoro di Archea, non è stato particolarmente attratto dall'overdesigned e più in generale dalla destrutturazione disciplinare ed è riuscito a tenere sempre le distanze dalla ridondanza di fenomeni di successo a cui abbiamo assistito attoniti anche quando applicati a piccoli edifici destinati ad attività persino banali. A ciò c'è da aggiungere un fattore che spesso non viene preso in particolare considerazione: la necessità, dettata dalla ricerca, di un'efficienza energetica il più possibile naturale, imposta con forme semplici e compatte. Questa è una novità. Negli anni '70 abbiamo assistito ad un processo inverso, secondo il quale sarebbe stata la complessità delle componenti, opportunamente recepita nella forma dell'edificio, a decretare il massimo grado di comfort ambientale: un'ipotesi che poi ha dato vita all'high-tech. In definitiva sembrerebbe che oggi, cambiati i parametri, per l'architettura del comfort naturale il modello vincente sia opposto all'ostentazione della complessità. Viene allora in mente l'attualità della Menil Collection di Renzo Piano, un edificio la cui semplicità di impianto si affaccia sulla soglie della frugalità, determinando una linea di sviluppo su cui è logico ascrivere, con le dovute distanze, anche il GEL.

Le ultime annotazioni sono per l'aggraziato involucro dell'edificio. Frank Lloyd Wright diceva che disegnare belle architetture sarebbe stato molto più facile se non ci fossero state le finestre. Louis Kahn aveva trovato il modo nelle sue case di evitare le bucature eliminando intere parti di facciata per sostituirle con pareti-finestre a tutta altezza; per l'entrata poi degli edifici, la bucatura forse più difficile da progettare, Kahn semplicemente la nascondeva, come ad Exeter e a Yale. Gli involucri avvolgenti che abbiamo visto negli ultimi anni, specialmente quelli traforati, hanno rappresentato da un punto di vista figurativo un escamotage che ad un certo momento è sembrato salvifico per evitare il travaglio della finestra. Senza dubbio involucri di qualità sono stati realizzati in questi anni e di questi ne apprezziamo la sintesi plastica e la capacità di sapersi ambientare con disinvoltura in quasi tutte le situazioni. Ma il rischio è che l'architettura si riduca a quella che Johnson definiva una operazione di packaging, un rischio che il GEL riesce, per le sue ridotte dimensioni e per la sua grazia complessiva, ad evitare, anche perché la pelle esterna svolge una importante e decisiva funzione tecnica connessa con l'eliminazione dell'irraggiamento diretto dei raggi solari sulle superfici d'alluminio e vetro dell'involucro.

recession, which constantly reminds us of just how limited resources are. Anything that puts too many tools and too many resources into play becomes grating. Nowadays what makes an impression lies in that sensitive grey area where aesthetics finds its legitimisation in ethics. It should be noted that Italian architecture, including Archea's work, was never particularly interested in overdesigned work and disciplinary deconstructionism in general. It has always managed to keep its distance from the redundancy of the celebrated compositions that we have looked upon with amazement even when applied to small buildings for commonplace uses. There is another, often overlooked factor: the quest for energy efficiency requires simple, compact forms arranged in a natural manner. This is something new. In the 1970s, we saw a reverse process in which the complexity of components, duly incorporated in the building's form, would create the greatest comfort. This concept gave rise to high-tech styles. In the end, it seems that today, with new criteria for architecture that provides natural comfort, the successful models are opposed to the ostentation of complexity. This brings to mind the relevance of Renzo Piano's Menil Collection, a building with such a simple layout that it borders on parsimony, creating a line of development to which, with due distance, GEL might also belong.

These latter observations pertain to the building's graceful envelope. Frank Lloyd Wright said that designing beautiful buildings would be much easier if there were no windows. Louis Kahn found a way to avoid openings in his houses by doing away with entire parts of the façade and replacing them with full-height doors and windows. To solve the problem of building entrances, perhaps the most difficult openings to design, Kahn simply hid them, as in Exeter and Yale. The wrap-around claddings that we have seen in recent years, particularly the perforated ones, in figurative terms have acted as a sort of a loophole which once seemed to save us from the labour of the window. There is no question that high-quality building envelopes have appeared in recent years. While we can admire their plastic conciseness and their ability to fit with ease in almost all settings, the risk is that architecture could be reduced to what Johnson termed a packaging operation. GEL, with its small size and overall grace escapes this pitfall, aided by the fact that its external skin plays a decisive technical function in eliminating direct sunlight on the aluminium surfaces and the exterior glazing.

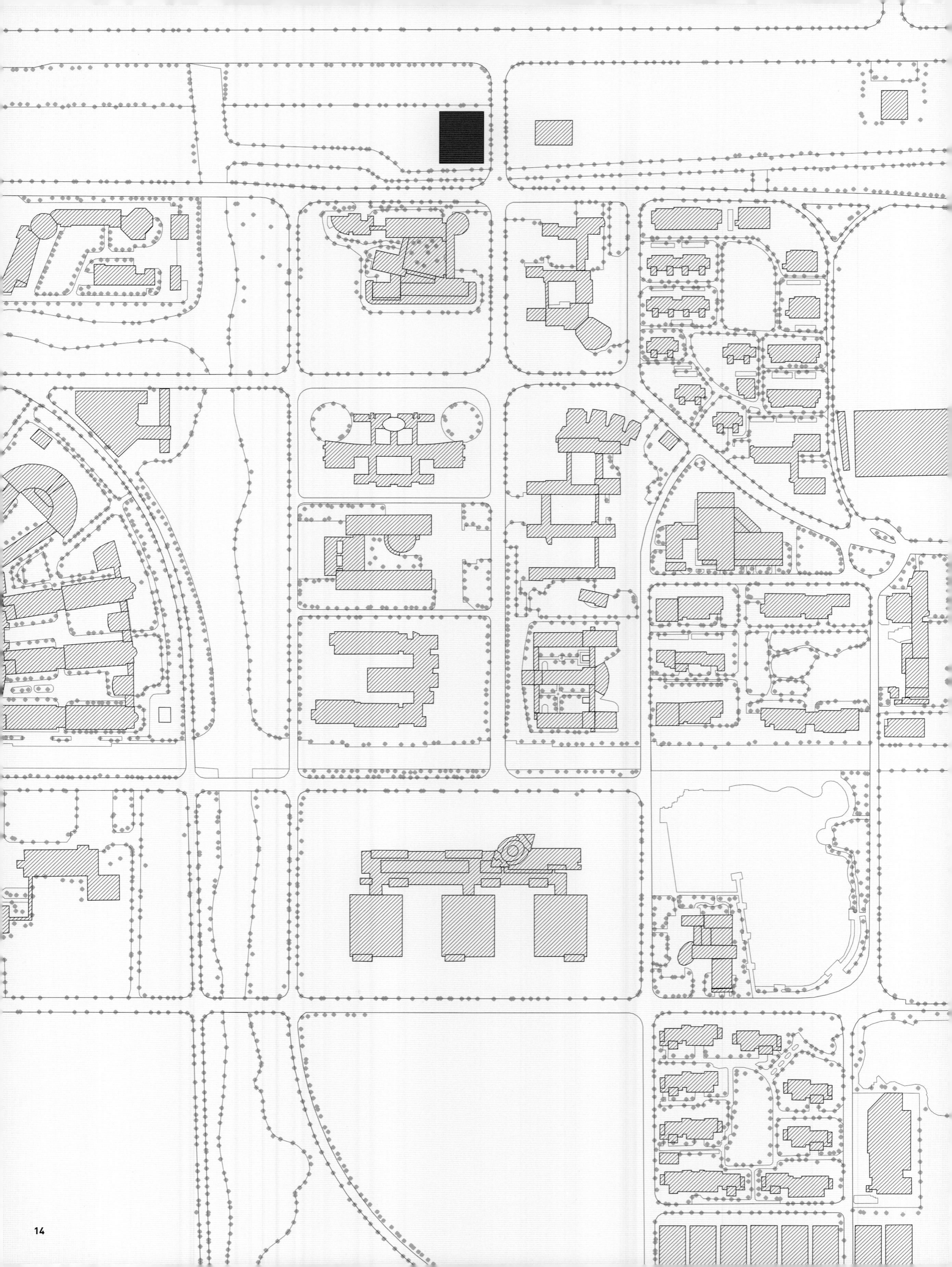

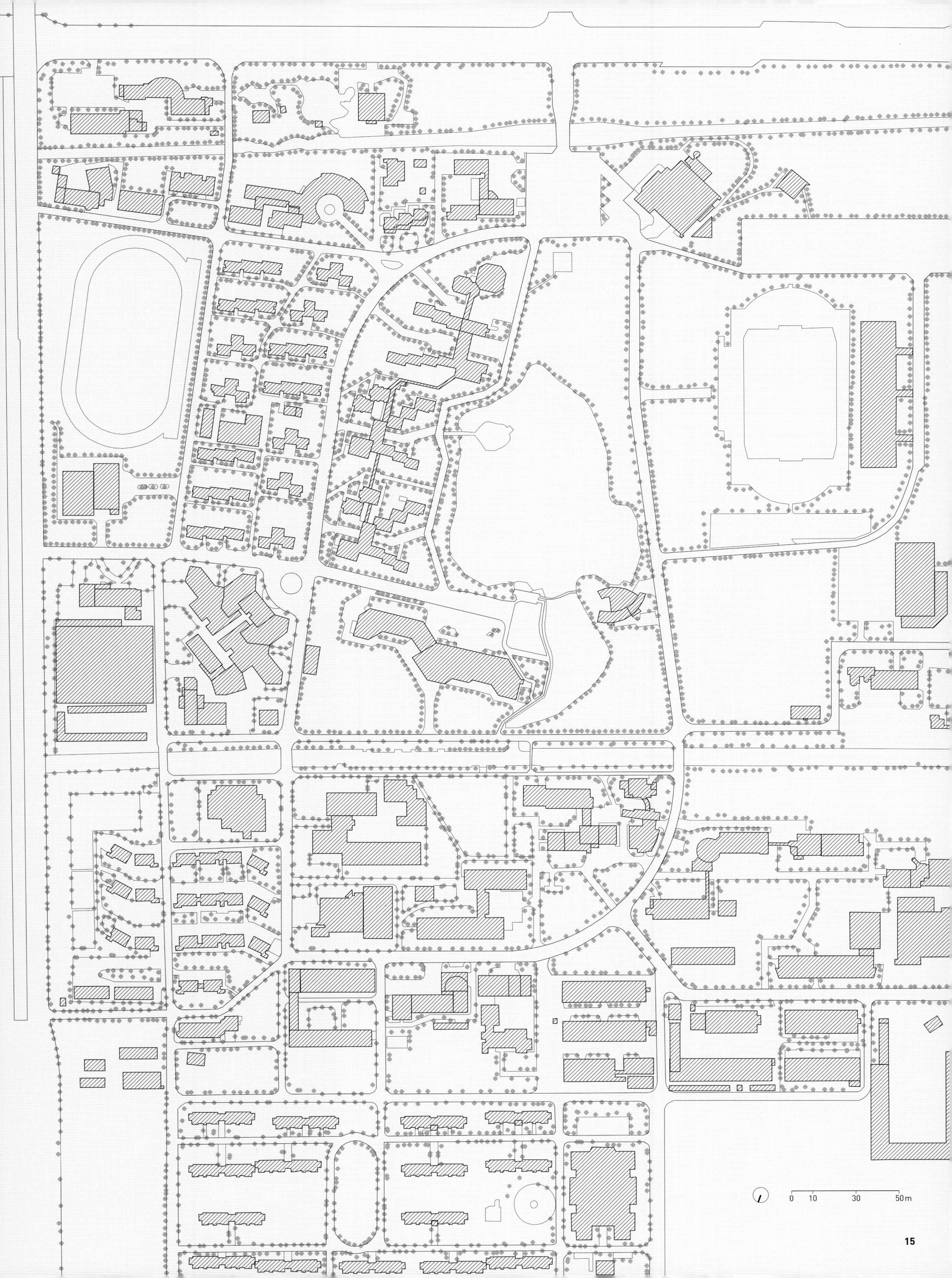
0 10 30 50 m

Un simbolo di cooperazione interculturale

Zhenning Fang

Probabilmente il momento più appropriato per visitare il Green Energy Laboratory (GEL), l'edificio realizzato nel campus Minhang della Shanghai Jiao Tong University, è durante la torrida estate. L'ho scoperto casualmente, capitandoci, ed è stato un bene in quanto ho potuto apprezzare cosa fosse un edificio "green", a bassa emissione di carbonio. Proprio camminando dentro l'edificio infatti ho compreso cosa fosse il comfort procurato da un edificio di questo genere.

Da lontano il GEL, nella sua posizione lungo il fiume, appare come una donna in procinto di sposarsi avvolta in un abito candido in bianco pizzo di seta: un effetto che ho rilevato in altre opere di Archea. Diversi edifici realizzati in Italia hanno le stesse caratteristiche del GEL e fanno uso di tecnologie simili, però è la prima volta che questo tipo di edificio viene costruito in Cina. Rispetto alle altre strutture del campus della Shanghai Jiao Tong University (che va ricordato rappresenta un polo di eccellenza nella storia della Cina moderna in quanto oggigiorno focalizza i suoi corsi sul tema della protezione ambientale e della sostenibilità) il GEL ha qualcosa di speciale, di alternativo rispetto a ciò che sta al suo intorno. Da subito ho capito che nel momento in cui questa "sposa", rappresentante la tutela ambientale a bassa emissione, fosse stata accettata compiutamente dai suoi vicini sarebbe diventata un vanto per la Jiao Tong University di cui Cai Yuanpei, un rivoluzionario democratico moderno e pedagogista, fu presidente dal 1868-1940.

Il Green Energy Laboratory è frutto della collaborazione tra Italia e Cina. L'edificio è concepito come una macchina per il risparmio energetico avvolta in un involucro di grande eleganza. In realtà anche in Cina, come in Italia, esiste nell'architettura tradizionale e vernacolare una millenaria tradizione di accorgimenti per il risparmio energetico e per il comfort ambientale, specialmente per quel che riguarda l'edilizia residenziale. Alcuni di questi concetti rivivono, trasformati attraverso la tecnologia contemporanea, nel GEL.

Il GEL è il secondo edificio in ordine di tempo che lo studio Archea ha costruito in Cina perseguendo i criteri dettati dal risparmio energetico e dalla tutela ambientale. L'altro è il Padiglione espositivo dedicato alla protezione dell'ambiente costruito nel 2010 all'interno dell'Urban Best Practices Area dell'Expo mondiale di Shanghai. Tutti questi progetti sono diventati oggetti di vivace discussione nel dibattito riguardante la nuova architettura cinese, assurgendo a modelli di architettura sostenibile.

Nel visitare l'edificio ho cercato di avvicinarmi e conoscerlo con discrezione, esaminarlo dapprima indirettamente, perciò ho evitato di entrare dall'ingresso principale, girandoci intorno, per comprendere meglio come il GEL si relazionasse con lo spazio circostante. La cosa più attraente dell'edificio sono le facciate rivestite da formelle in ceramica. Sono proprio queste a dare l'impressione dell'abito da sposa di cui parlavo prima; eppure, sebbene il rivestimento sia uguale su tutti i lati, esso acquista un effetto sempre mutevole grazie alla diversa insolazione. Girando intorno all'edificio, sempre più incuriosito da questo misterioso rivestimento, mi sono avvicinato e ho sbirciato attraverso i fori delle formelle di ceramica potendo così scorgere il candido interno, con i ballatoi che circondano la corte coperta. La mia curiosità non era preparata a questa vista poiché non pensavo che l'edificio nella sua semplicità celasse qualcosa di misterioso. All'interno lo spazio verticale tra le due pareti, un susseguirsi di percorsi e di affacci, rappresenta a tutti gli effetti un camino di ventilazione per la fuoriuscita dell'aria calda generata nelle aree interne. Guardandovi dentro ho fisicamente percepito il flusso di aerazione dell'aria calda e la corrente generata dalla convezione senza il supporto di alcuna macchina termica.

Una tecnica che si ritrova nell'antica architettura residenziale attentamente studiata dai progettisti, specialmente per quel che riguarda le tradizionali finestre a graticcio usate nella regione a sud del fiume Yangtze. Ma, al contrario di questo esempio, nel Green Energy Laboratory i graticci non sono episodi circoscritti alle finestre, ma strutturano completamente le facciate. All'interno dell'edificio ogni ambiente possiede, oltre ad un'ottima ventilazione, un'altrettanto ottima illuminazione naturale proprio grazie al sistema di graticci mobili che contribuisce anche al controllo del flusso di ventilazione e dei relativi ricambi d'aria. In definitiva in tutto il GEL è la facciata il dispositivo principale per ottenere il comfort ambientale riducendo al minimo le emissioni ed il carico termico. La ceramica è un materiale che fa parte della tradizione cinese da tempo immemore e ancora oggi vengono prodotti in questo materiale molteplici oggetti d'uso

A symbol of intercultural cooperation

Zhenning Fang

The dead heat of summer may well be the most appropriate time to visit Green Energy Laboratory (GEL), the building recently erected on the Minhang campus of the Shanghai Jiao Tong University. Though I found this out by chance, it was indeed a good way to appreciate what a "green", low-carbon emission building can do. From the moment I walked into the building I could feel the sense of comfort it creates.

Seen from afar, GEL is set along the river, looking like a bride dressed in a pure white lace silk gown, an effect also seen in other works by Archea. Several buildings in Italy share GEL's features and make use of similar technologies, but this is the first such building in China. In comparison to other buildings on the Shanghai Jiao Tong University campus (a centre of excellence in modern China, with a focus on environmental protection and sustainability), GEL is quite special, standing out from its surroundings. I felt sure that this new "bride", which represents environmental protection and low emissions, would soon be fully welcomed by her neighbours, and thus become a point of pride for Jiao Tong University, of which Cai Yuanpei, a modern democratic revolutionary and educator, was president between 1868 and 1940.

The Green Energy Laboratory is the fruit of a collaboration project between Italy and China. GEL was conceived as an energy-saving machine wrapped in a graceful building envelope. Like in Italy, China's traditional, vernacular architecture contains a millennia-long tradition of strategies for energy savings and comfort, particularly in the field of housing construction. Some of these concepts have been brought back to life in GEL, transformed by contemporary technology.

GEL is the second building that Archea has built in China based on energy-saving and environmental protection criteria. The other work is the exhibition pavilion for environmental protection, built in 2010 in the Urban Best Practices Area of the Shanghai World Expo. Both of these projects have prompted much intense discussion regarding new Chinese architecture and have become models for sustainable architecture.

When I visited the building, I tried to approach it indirectly at first, avoiding the main entrance and walking around it to get a better idea of how GEL relates to its surroundings. The building's most attractive feature is its façade clad with ceramic panels, making it resemble a wedding gown. Though the cladding is the same on every side, the changing sun angles give it a constantly shifting effect. As I circled the building, I became increasingly curious about this enigmatic cladding. Moving closer and peeking through the holes in the ceramic panels, I saw the pure white interior with balconies around the covered courtyard. I must admit that my curious eyes had not been prepared for the sight, as I did not think that the simplicity of the building would hold something so enigmatic. At that point, I went inside. The vertical space between the two walls, a succession of walkways and views, creates a chimney effect for expelling the warm air generated within. Looking into this air passage, I could feel the physical flow of warm air created simply by convection, without the use of any mechanical climate control systems.

Comfort like this was previously found only in the architecture of traditional houses, which the architects studied carefully, particularly the traditional latticed windows used in the area south of the Yangtze River. Unlike in traditional examples, in the Green Energy Laboratory the lattices are not limited to the windows; instead, they completely structure the façades. Every room within the building enjoys excellent ventilation and natural lighting thanks to the system of mobile lattices that help control ventilation and air exchange. For GEL as a whole, the façade is the main device for providing indoor comfort while reducing emissions and thermal loads. Since time immemorial, ceramic has been a traditional Chinese building material. To this day, ceramic objects for daily use are made using age-old techniques. Though ceramic is the classic material of Chinese crafts, no one would have expected it to be used to create a façade of lattice windows. Archea's original approach surpassed all our expectations. It is well known that ceramic is more durable than wood, and the white glazing also makes it quite elegant. We should keep in mind that the ceramic panels were manufactured and glazed in Italy. Their technical advantages in terms of thermal insulation and natural ventilation make GEL unique in both style and function. The ceramic sintering technology comes from Italy, while the design of the extruded slabs was inspired by Chinese characters representing earth, water, wind, and light, the very elements we need to preserve through environmental protection.

seguendo tecniche millenarie. Ma sebbene rappresenti il materiale per eccellenza dell'artigianato cinese, nessuno si aspetterebbe il suo utilizzo per la realizzazione di una facciata di finestre a graticcio. L'originalità di Archea è andata oltre ogni aspettativa. È un dato di fatto che la ceramica sia più duratura del legno, inoltre i manufatti realizzati risultano estremamente eleganti, come lo sono queste formelle in ceramica smaltate e prodotte in Italia. I vantaggi tecnici descritti per ciò che concerne l'isolamento termico e la ventilazione naturale, rendono questo edificio unico sia per lo stile, che per la funzionalità. La tecnologia di sinterizzazione della ceramica viene dall'Italia, ma il disegno del pattern delle lastre estruse è ispirato agli ideogrammi cinesi che rappresentano la terra, l'acqua, il vento e la luce: gli elementi da preservare attraverso la tutela ambientale.

Il disegno astratto di questo montaggio di formelle, dedotto dai quattro ideogrammi cinesi, può essere considerato come un auspicabile interscambio tra aspetto tecnico e culturale. L'obiettivo del progetto è stato la trasformazione di un edificio in una piattaforma per la tecnologia di energia verde sostenibile, capace di esprimere al massimo il paradigma della tutela ambientale attraverso la bassa emissione di carbonio; una piattaforma che concilia i diversi aspetti tecnici in un simbolo, quello del pattern di facciata, che intende essere l'espressione di una sempre più intensa cooperazione transnazionale.

Quando ho studiato il progetto per la prima volta, ho notato l'estremità triangolare del volume. Inclinato verso un lato, assomigliava molto alla testa di un animale. Ma non sapevo se il disegno era dovuto solo ad esigenze estetiche o anche funzionali. Salito all'ultimo piano dell'edificio ho capito che sul tetto a spiovente sono posti i pannelli fotovoltaici e al di sotto di esso sono alloggiate le macchine ad energia solare per la produzione di acqua calda per il riscaldamento.

Dal punto di vista comunicativo e di immagine il GEL, nella sua ieratica semplicità, trasmette un forte senso di appartenenza e di orientamento all'interno del campus. La superficie architettonica avvolta nel pizzo di seta aumenta considerevolmente il mistero dell'edificio. Al suo interno lo spazio appare semplice e compatto: dopo l'atrio una corte coperta da un lucernario crea uno spazio pubblico pieno di luce naturale. Il corrimano, la ringhiera delle scale e il sottostante controsoffitto sono stati integrati con grande ingegno rivelando la maestria dei progettisti. Al primo piano dell'edificio si trovano alcuni laboratori e le sale espositive, al secondo livello gli uffici dei ricercatori e altri laboratori, mentre al terzo due appartamenti che servono da unità residenziali sperimentali.

La facciata risulta composta da due strati: una parete in vetro e alluminio, e una trina di pannelli a graticcio. Questa trina con una superficie di 1.500 metri quadrati è formata da 25.692 elementi di ceramica e 369 pannelli a graticcio. Questi sono di fatto dei brise-soleil: in estate arrestano la luce solare mentre d'inverno garantiscono una buona illuminazione. Non ostacolano la vista dall'interno ma sono in grado di schermarla da fuori. Affacciandosi verso l'esterno si ha l'impressione di essere nelle case tradizionali a sud del fiume Yangtze, poiché, anche se queste finestre non hanno un disegno geometrico tradizionale, conservano ugualmente la loro funzione arricchita da un notevole gusto poetico.

The abstract patterns based on these characters, created by assembling the panels, can be seen representing the interchange between the technical and cultural aspects of the project. The goal of the project was to turn a building into a platform for sustainable green energy technology, an optimal expression of the paradigm of environmental protection through low carbon emissions. This platform seeks to bring together the various technical aspects in the symbol of the façade patterns and to serve as an expression of growing transnational cooperation.

When I first studied the design, I noticed the triangular tip of the rectangular volume. Sloped on one side, it reminded me of an animal's head. I had not yet realised that the design of this feature served functional purposes as well as aesthetic ones. Going up to the top floor, I saw that the photovoltaic panels were fixed to the pitched roof, and below them were the solar energy devices for producing hot water for heating.

In terms of communication and image, GEL's hieroglyphic simplicity conveys a powerful sense of belonging and orientation within the campus. The architectural surface, seemingly wrapped in silk lace, adds a great deal to the building's enigmatic quality. Once inside, the space is simple and compact. Beyond the atrium is a covered courtyard with a skylight, creating a public space flooded with natural light. The balcony and stair railings and the ceiling panels were very intelligently combined and varied. The design of these details bespeaks the architects' excellent fundamental skills. The building's ground floor mainly holds the laboratories and exhibition rooms, while Level 2 holds the researchers' offices and laboratories. I also visited the two apartments on the top floor, which are used as experimental housing units.

The entire façade is composed of two skins: an internal glass and aluminium curtain wall, and an external layer of ceramic latticework. The latter covers 1,500 square metres and is made up of 25,692 ceramic elements forming 369 panels that act as brise-soleils. In summer, the panels block direct sunlight, while in winter they allow for ample daylighting. This outer skin does not block the view from inside to the outside, while it does block views from the outside in.

Looking outside through the ceramic latticed windows feels like being inside a traditional house south of the Yangtze River. Though they do not have the geometric patterns of traditional latticed windows, they maintain both their function and their poetry.

Il progetto

Laura Andreini

The project

Laura Andreini

L'edificio, progettato da Archea Associati con il supporto, per la parte strutturale, dello studio di ingegneria Favero & Milan, è stato costruito nei pressi del campus Minhang della Jiao Tong University ed è stato completato nel corso del mese di aprile 2012 ed inaugurato il mese successivo.

Nato come centro di ricerca e laboratorio di analisi e divulgazione di tecnologie a bassa emissione di carbonio per quel che riguarda il settore edilizio e residenziale, il GEL è concepito come un corpo stereometrico compatto ed unitario con una dependance all'ultimo livello, il terzo, che si configura come una struttura con il tetto a spiovente. L'interno del GEL è un susseguirsi di ambienti che si affacciano su una corte interna centrale, coperta da un ampio lucernario apribile in ragione del ciclo stagionale; una soluzione adeguata a soddisfare le necessità indotte dall'accumulo di aria calda durante l'inverno (lucernario chiuso) e di evacuazione di aria calda durante l'estate (lucernario aperto).

Lo spazio, circondato da ballatoi di distribuzione, si configura come vuoto in grado di ottimizzare i consumi energetici funzionando, nelle giornate invernali assolate, come accumulatore di calore e nel periodo estivo come camino di aspirazione dell'aria calda prodotta internamente.

L'edificio è composto da tre piani, per un totale di 1.500 metri quadrati di superficie fuori terra e un'altezza al colmo di 20 metri.

I primi due piani ospitano i laboratori, le sale riunioni, una sala controllo, oltre alle aule per studenti e ad uno spazio espositivo; ogni spazio gode di doppio affaccio sia verso l'esterno che verso la corte interna. Il terzo piano ospita due appartamenti campione: la simulazione di un bilocale e un trilocale coperti con un tetto a falde rivestito da pannelli fotovoltaici realizzati come piattaforma per test su spazi di tipo residenziale e per prove su impianti e materiali edilizi ad elevata efficienza energetica.

L'orientamento dell'edificio, la sua forma rettangolare, congiuntamente alla facciata e alla corte interna vetrata, sono pensati per massimizzare la ventilazione naturale e il controllo dell'esposizione solare, e ciò al fine di ottenere il migliore comfort termico all'interno con il minimo dispendio di energia. La facciata, elemento caratterizzante del volume

The building, designed by Archea Associati in collaboration with the engineering firm Favero & Milan for the structural design, was built at the Minhang campus of Jiao Tong University. It was completed in April 2012 and opened one month later.

Created as a research centre and laboratory for the study and dissemination of low carbon emission technologies in the construction and housing sectors, GEL was conceived as a unified, compact geometric structure with apartments on the top floor, which forms a structure with a pitched roof. The interior consists of a succession of rooms around an inner courtyard, covered by a large skylight that can be opened or closed depending on the season. This solution was chosen in response to the need to accumulate warm air in the winter (closed skylight) and to expel warm air in the summer (open skylight).

The courtyard, surrounded by access balconies, is configured as a void that optimises energy consumption: on sunny winter days it functions as a heat accumulator, while in summer it acts as a thermal chimney, expelling the warm air produced inside.

The building is laid out on three floors, for a total surface area of 1,500 square metres above ground, and a total height of 20 metres.

The first two floors hold laboratories, meeting rooms, a control room, classrooms, and an exhibition space. Every interior has windows on two sides, toward both the exterior and the inner court. The top floor holds two model apartments, one with two rooms and one with three rooms, covered by a pitched roof with photovoltaic panels. The apartments were designed as a platform for tests on residential spaces for experimenting with energy-efficient systems and building materials.

The orientation of the building and its rectangular shape, along with the façade and glazed interior courtyard, were conceived to maximise natural ventilation and to control sun exposure, in order to obtain an ideal interior climate with a minimum energy expenditure. The façade, which is the distinctive feature of the exterior volume, consists of a double skin. The inner curtain wall layer provides waterproofing and insulation. The outer skin is set apart from the inner one by a continuous air cavity. It is made of panels with

L'orientamento dell'edificio e la sua forma rettangolare sono pensati per massimizzare la ventilazione naturale e il controllo dell'esposizione solare
The orientation of the building and the rectangular form are designed to maximise natural ventilation and to control sun exposure

Nelle pagine successive
Viste esterne dell'edificio, prospetti nord, ovest e sud
On the subsequent pages
Exterior views of the building, with north, west and south elevations

A destra
Planimetria dell'edificio inserito nel campus Minhang della Jiao Tong University (Shanghai)
At right
Site plan of the building situated in the campus of Minhang of Jiao Tong University (Shanghai)

esterno, è composta da una doppia pelle: uno strato interno costituito da un curtain wall continuo capace di garantire con i suoi infissi a taglio termico, la perfetta impermeabilizzazione e coibentazione. La facciata esterna, distanziata da quella interna da un vero e proprio cavedio anulare continuo, è stata realizzata con pannelli tamponati da elementi in terracotta secondo un disegno che riproduce, stilizzati, degli ideogrammi cinesi. L'involucro avvolgente in gelosie di cotto funge da brise-soleil per la schermatura e la regolamentazione dell'illuminazione all'interno degli ambienti lavorativi.

Il sistema HVAC è stato progettato considerando un impianto principale (CHPC/WHP) affiancato da altri di minore dimensione, intercambiabili in base ai test e alle ricerche condotte nei diversi laboratori.

terracotta infills that create a stylised pattern of Chinese characters. The building envelope in terracotta panels serves as a brise-soleil to shade and control the lighting in the interior workspaces.

The HVAC system was designed based on a main system (CHPC/WHP) combined with additional smaller ones that are interchangeable depending on the tests and research work being carried out in the various laboratories.

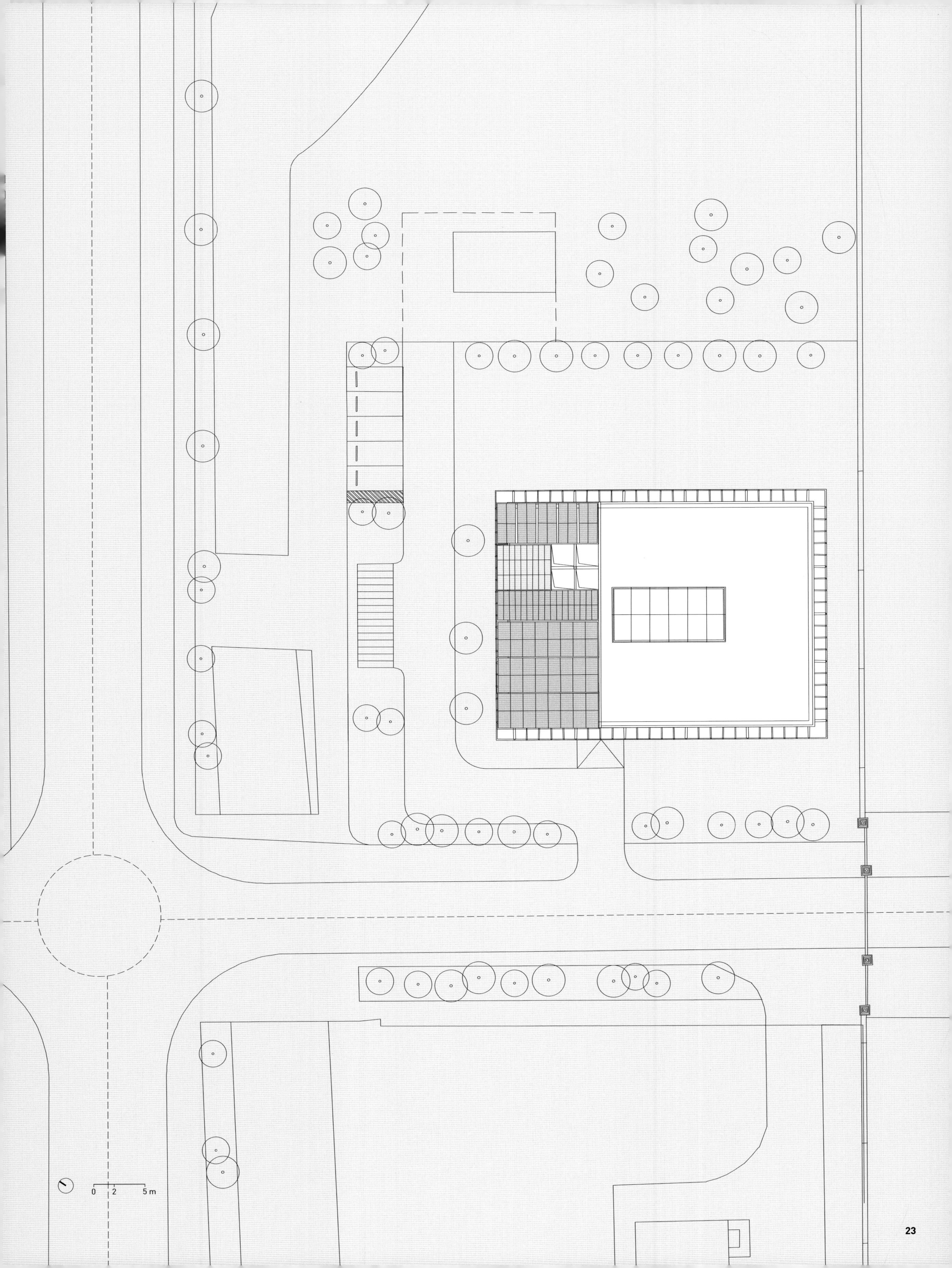
0 2 5 m

GEL è concepito come un corpo compatto dotato di una corte centrale coperta da un ampio lucernario apribile che secondo il ciclo stagionale, accumula calore in inverno o consente l'evacuazione di aria calda in estate

GEL was conceived as a compact volume with a central courtyard covered by a large skylight that opens and closes according to the season, so as to accumulate heat in the winter and evacuate hot air in the summer

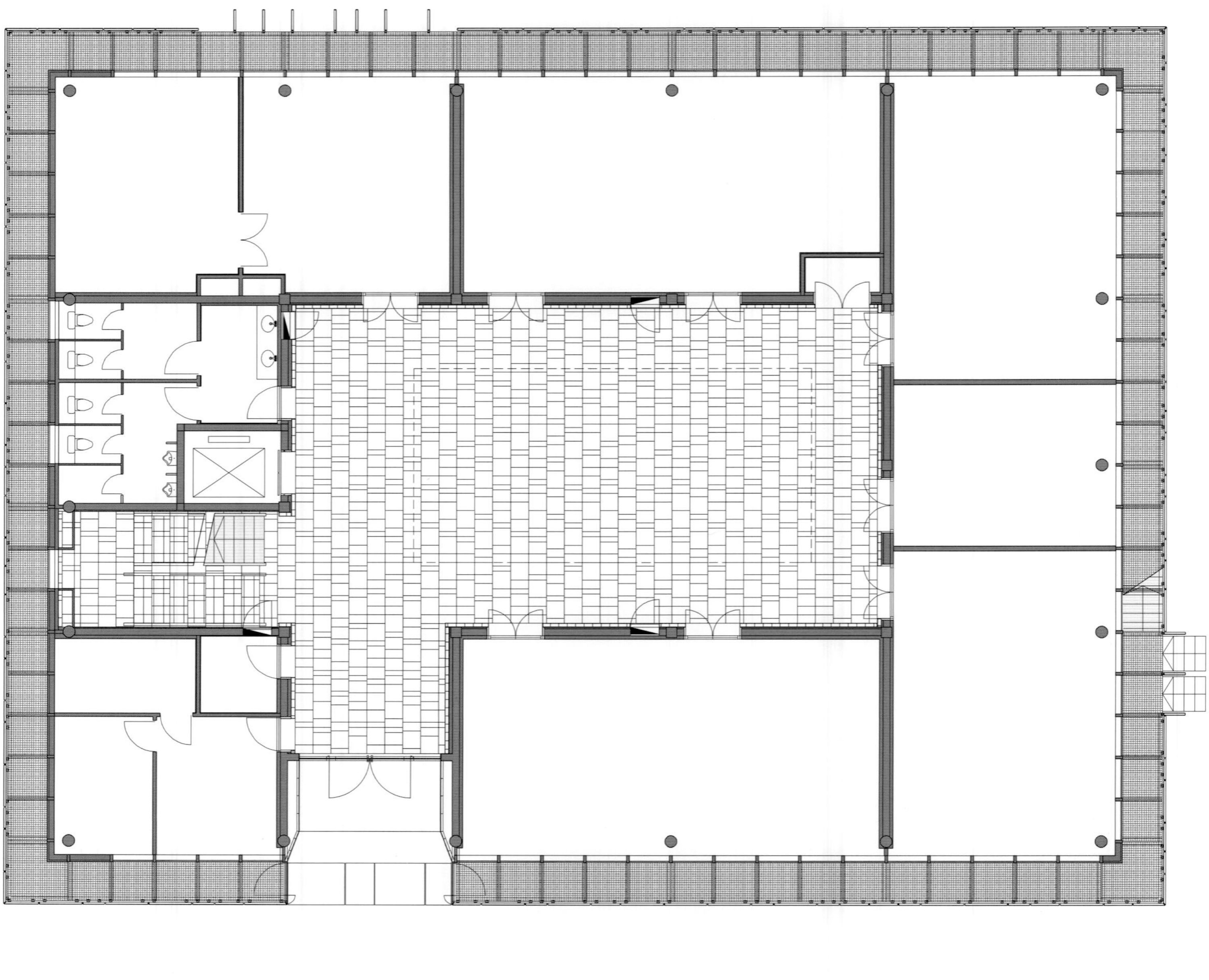

Pianta del piano terra con le aule e la corte interna
Plan of the ground floor with classrooms and interior courtyard

Pianta del primo piano con le aule
Plan of the first floor with the classrooms

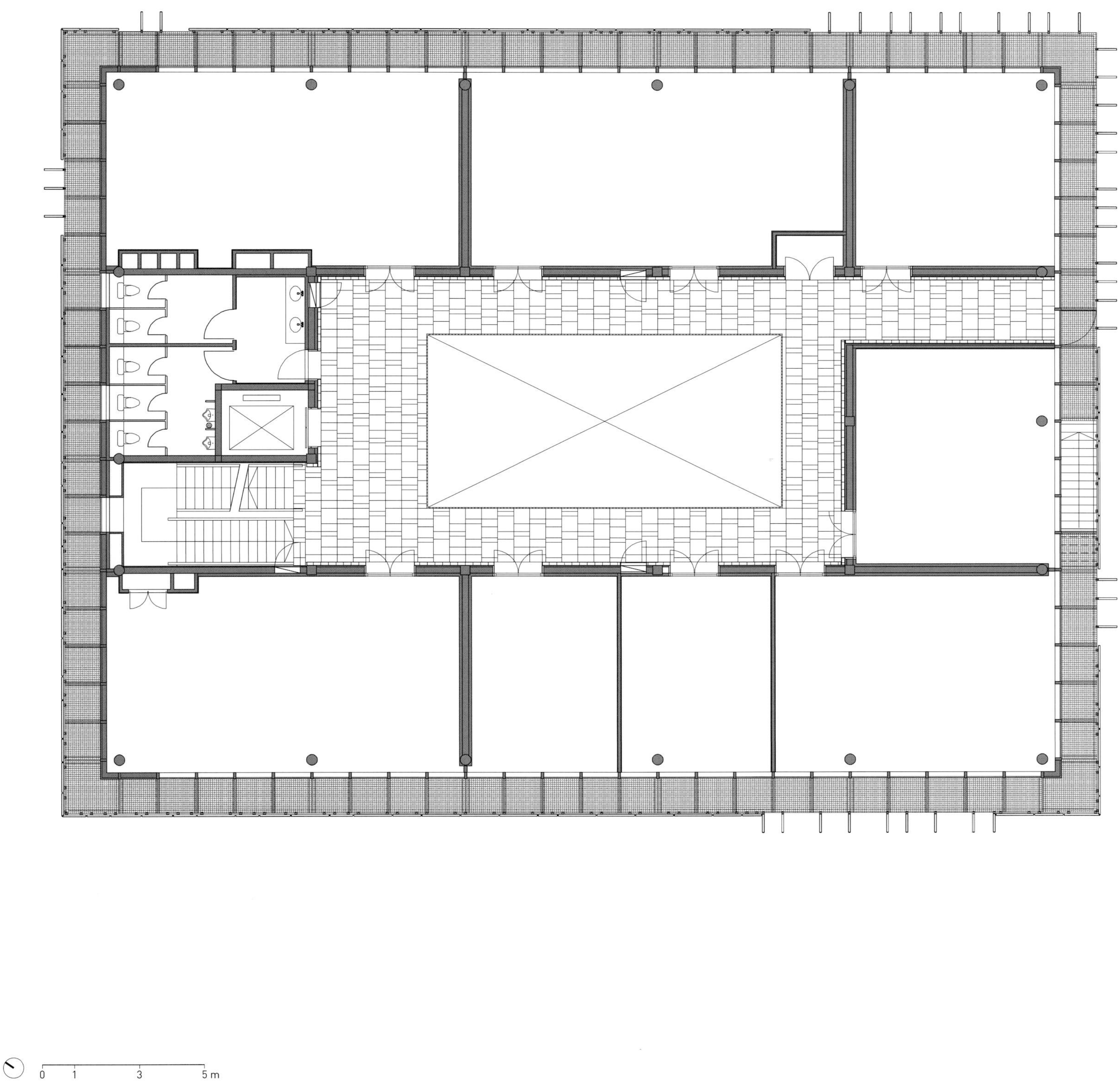

Pianta del secondo piano con i due appartamenti campione per esperimenti scientifici
Plan of the second floor with the two model apartments for scientific experiments

A destra
L'intero edificio è rivestito da brise-soleil in cotto per moderare la radiazione solare all'interno
At right
The entire building is surrounded by a brise-soleil in ceramic elements to control sun exposure in the interiors

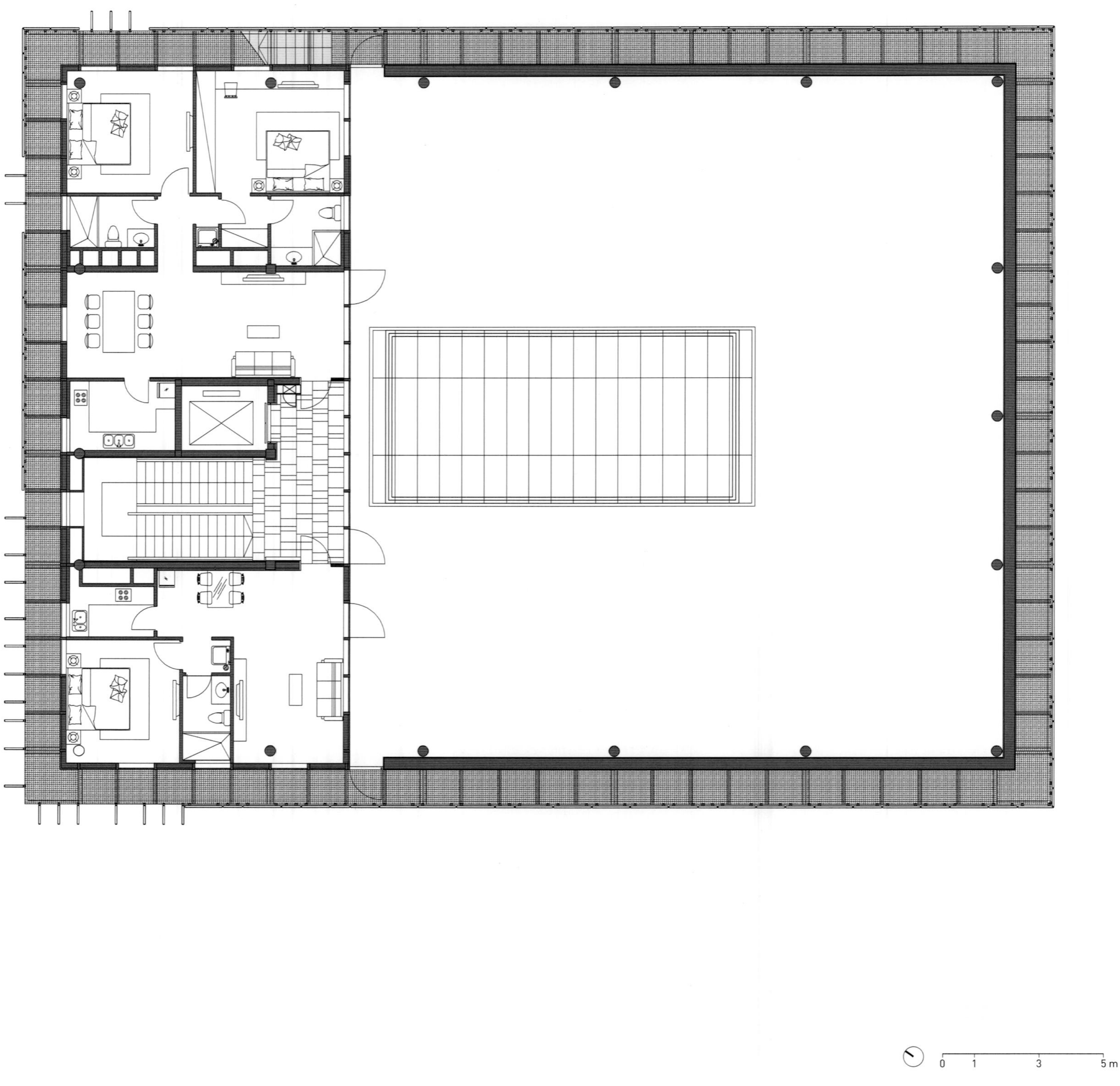

人文桥
2005年12月

Pianta delle coperture; in grigio i pannelli fotovoltaici installati sulla falda inclinata
Roof plan; in grey, the photovoltaic panels installed on the pitched slope

A destra
Vista dell'angolo tra i prospetti sud e ovest. La continuità del brise-soleil è interrotta da porzioni in cui i pannelli sono montati "a bandiera" lasciando intravedere la pelle interna dell'edificio
At right
Corner view of the south and west elevations. The continuity of the brise-soleil is interrupted by portions in which the panels are mounted in a "banner" configuration, revealing the inner skin of the building

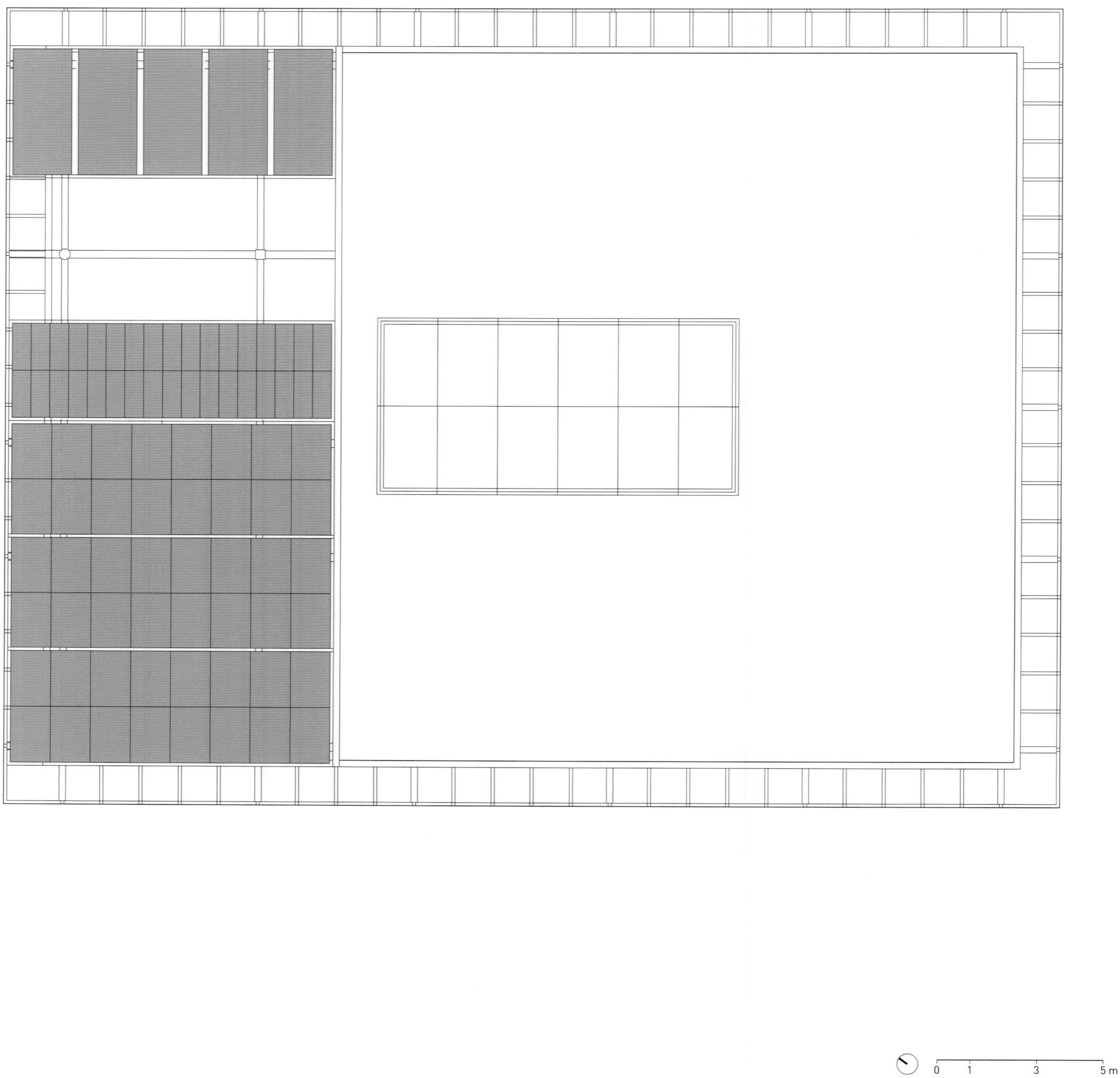

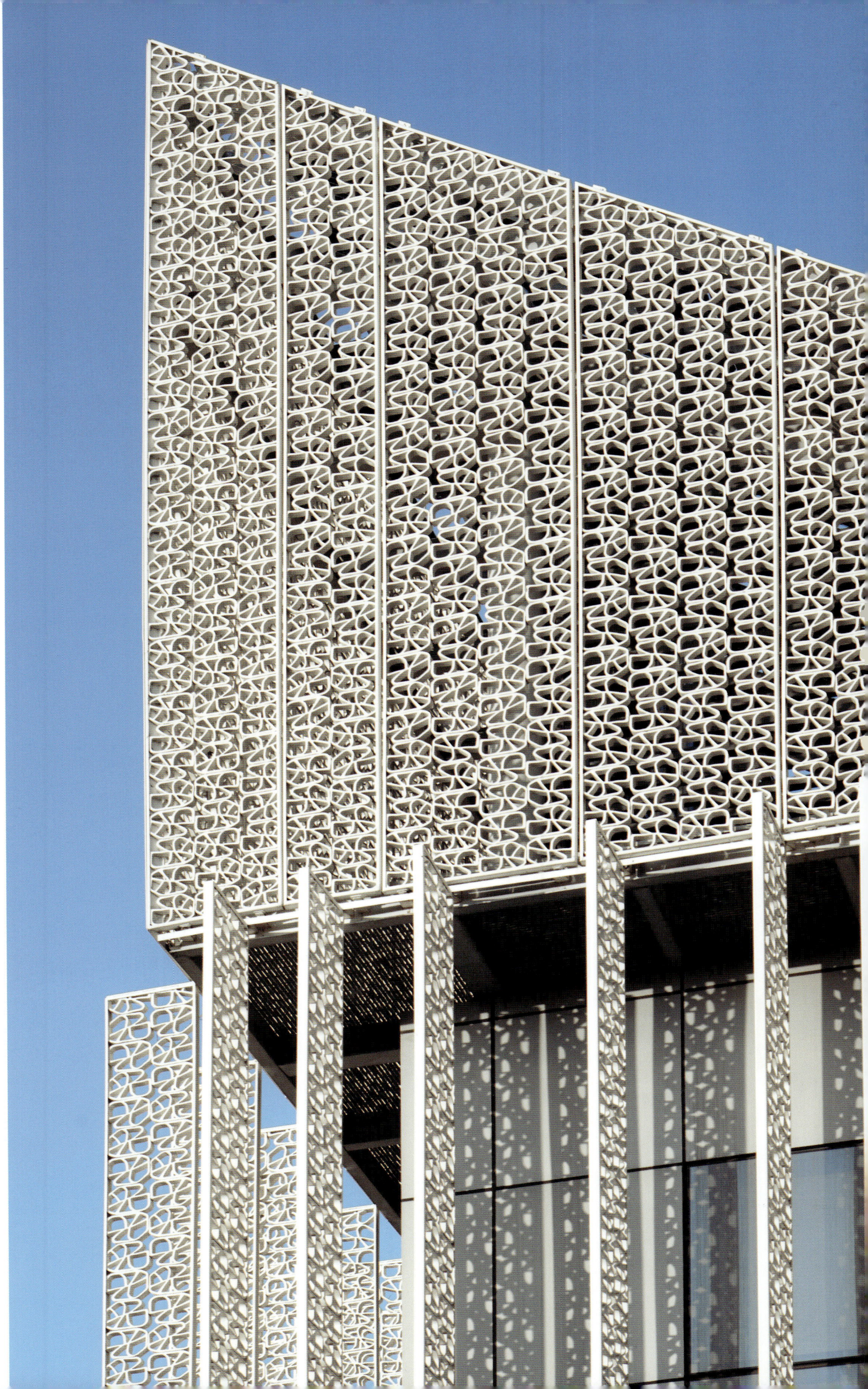

A sinistra
L'involucro, formato da pannelli, si compone di elementi in cotto trafilato smaltato bianco
At left
The outer shell is formed by panels composed of extruded ceramic elements with white glazing

Sezione trasversale attraverso la corte dell'edificio. Gli ambienti perimetrali sono distribuiti da un ballatoio e si affacciano sullo spazio centrale coperto da un lucernario apribile
Transverse section through the courtyard of the building. The rooms are distributed around the perimeter with access by means of a balcony. They face onto an interior courtyard covered by an operable skylight

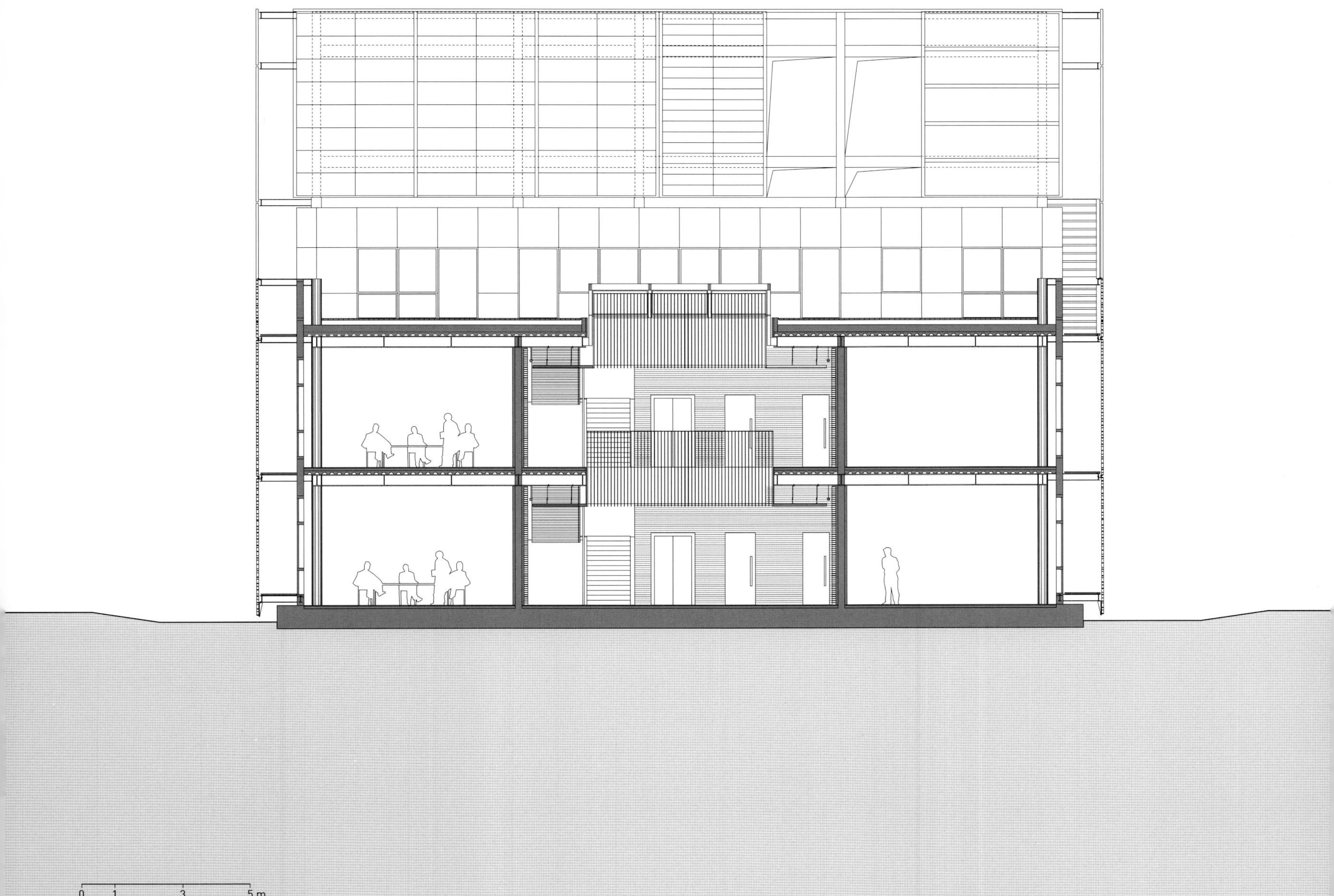

Sezione longitudinale attraverso la scala e la corte centrale. La parte più alta della copertura ha un'inclinazione ottimale per massimizzare la radiazione solare sui pannelli fotovoltaici che ospita. Ciascuno degli ambienti intorno alla corte gode di ventilazione trasversale grazie al doppio affaccio verso l'esterno e verso la corte

Longitudinal section through the stairs and central courtyard. The highest part of the roof has an optimal slope for maximising solar radiation on the photovoltaic panels. Each room around the courtyard has windows facing both the exterior and the courtyard, thus permitting cross ventilation

A destra
Vista del prospetto sud con l'ingresso. L'edificio ha un doppio involucro su tutto il perimetro: le chiusure verticali, opache e trasparenti, degli ambienti sono protette dal secondo involucro più esterno del brise-soleil in cotto

At right
View of the south elevation with the entrance. The building has a double skin around the entire perimeter: the inner curtain wall, consisting of solid and glass panels, are protected by an outer façade of ceramic brise-soleil panels

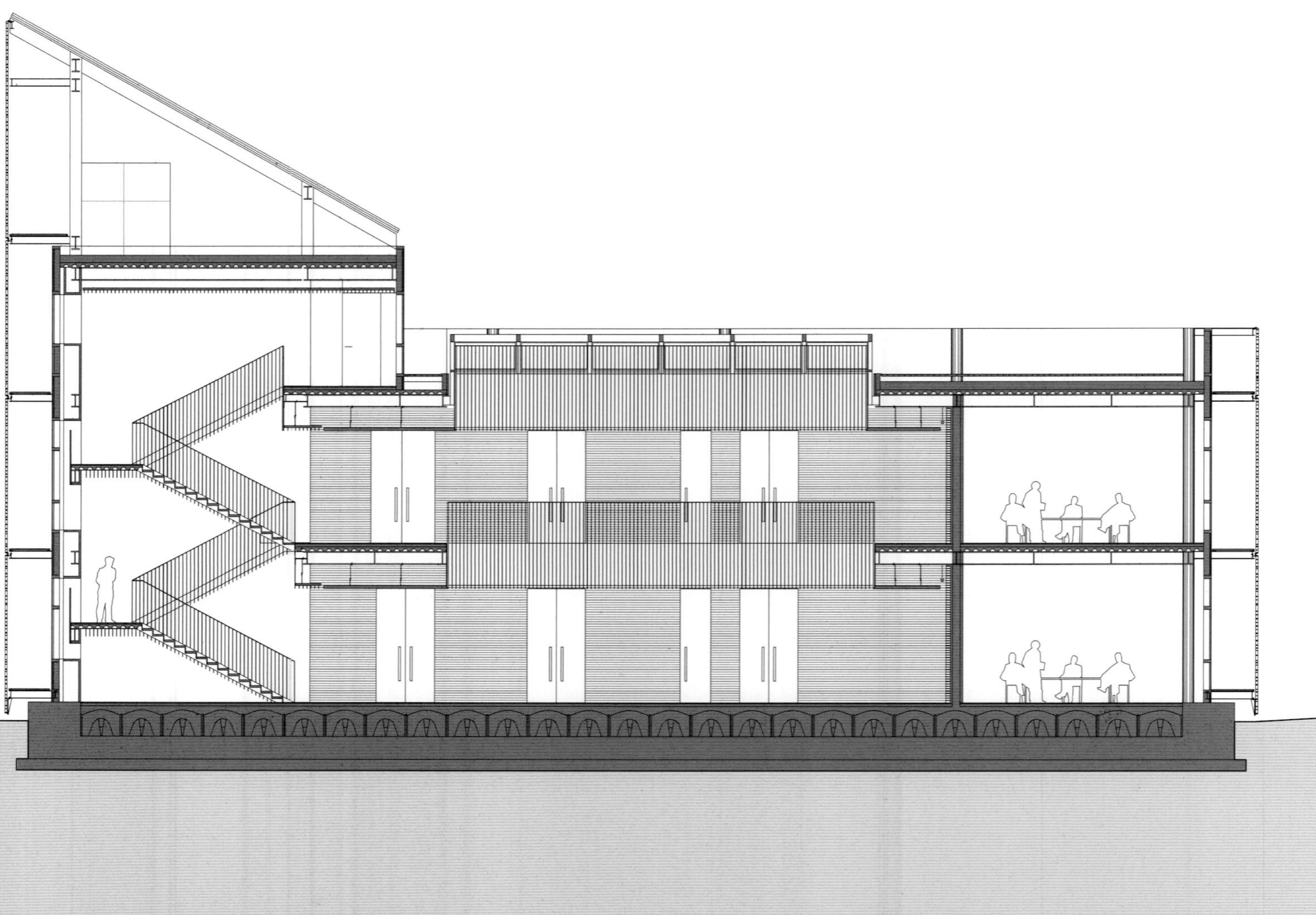

Nei vari prospetti si notano le discontinuità dell'involucro esterno con il montaggio "a bandiera" dei pannelli. Il rivestimento in cotto è articolato secondo ordini sovrapposti con altezze variabili in funzione della volumetria dell'edificio. I pannelli hanno larghezze modulari diverse e sono installati in ciascun ordine in modo da non risultare mai allineati in verticale

In all the elevations, the surface of the façade is made discontinuous by mounting some of the panels in a banner configuration. The ceramic façade is articulated in successive orders with variable heights in correspondence to the height of each floor. The modular panels vary in width and are installed so that the orders never align vertically

Prospetto sud
South elevation

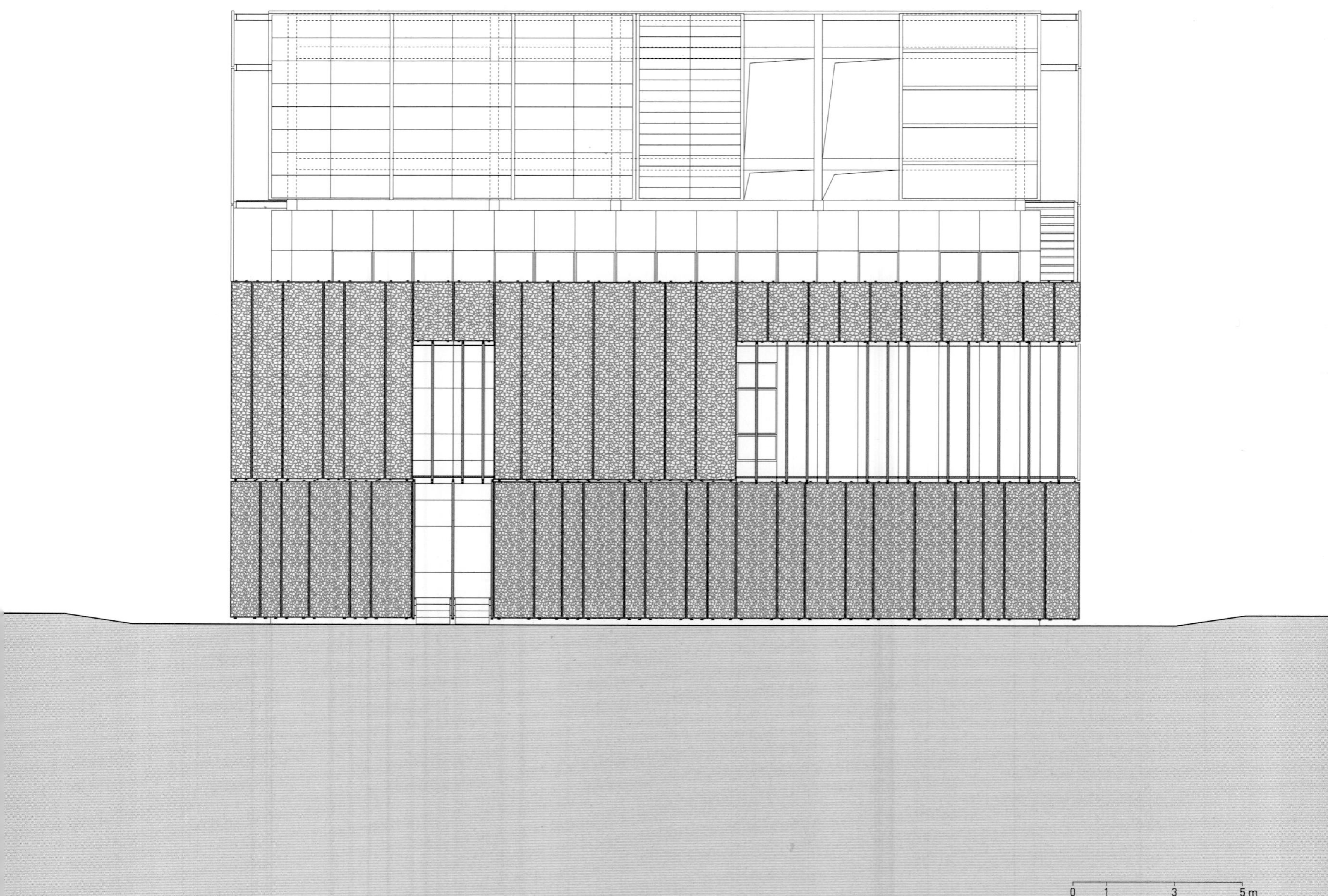

Prospetto nord
North elevation

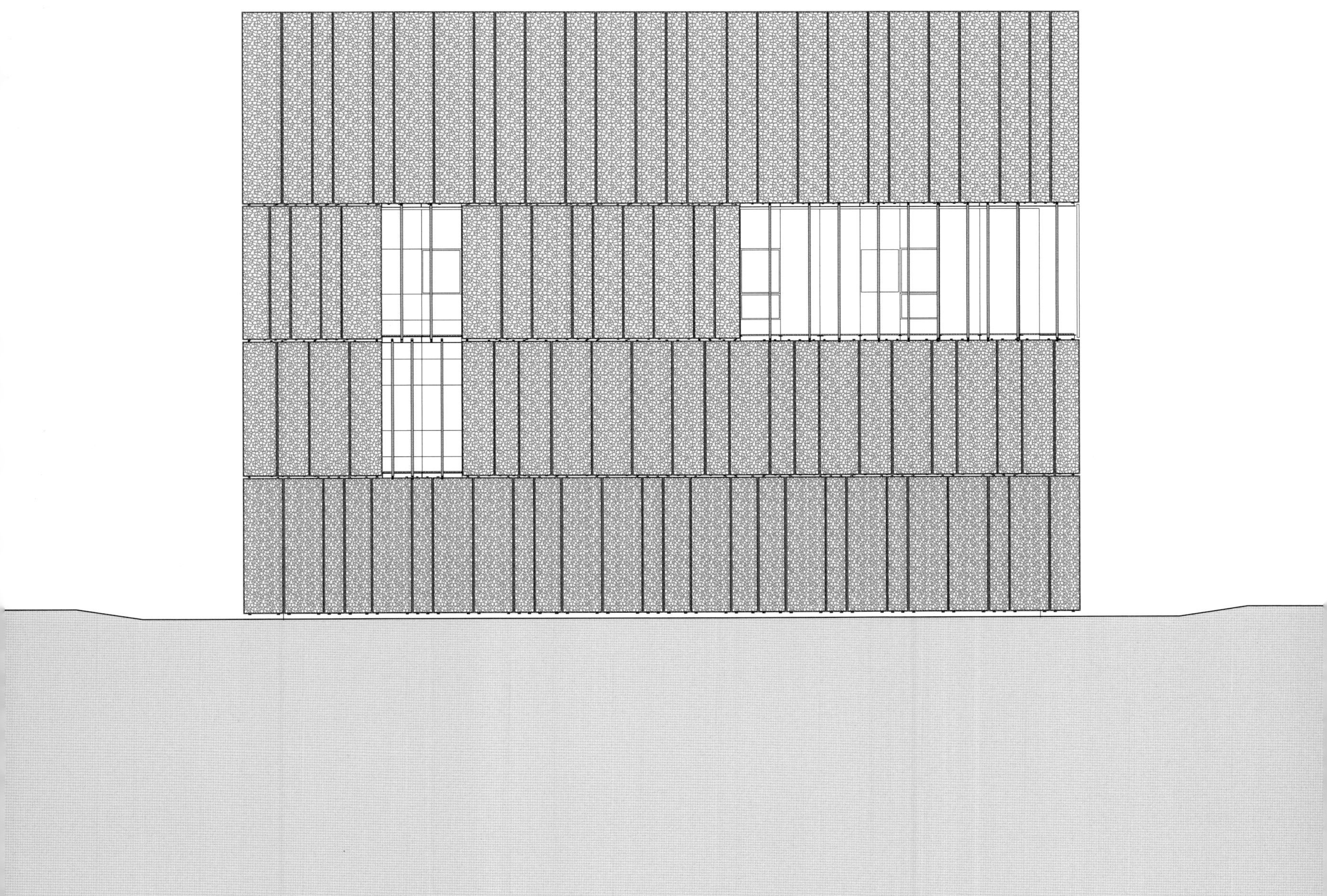

Prospetto est
East elevation

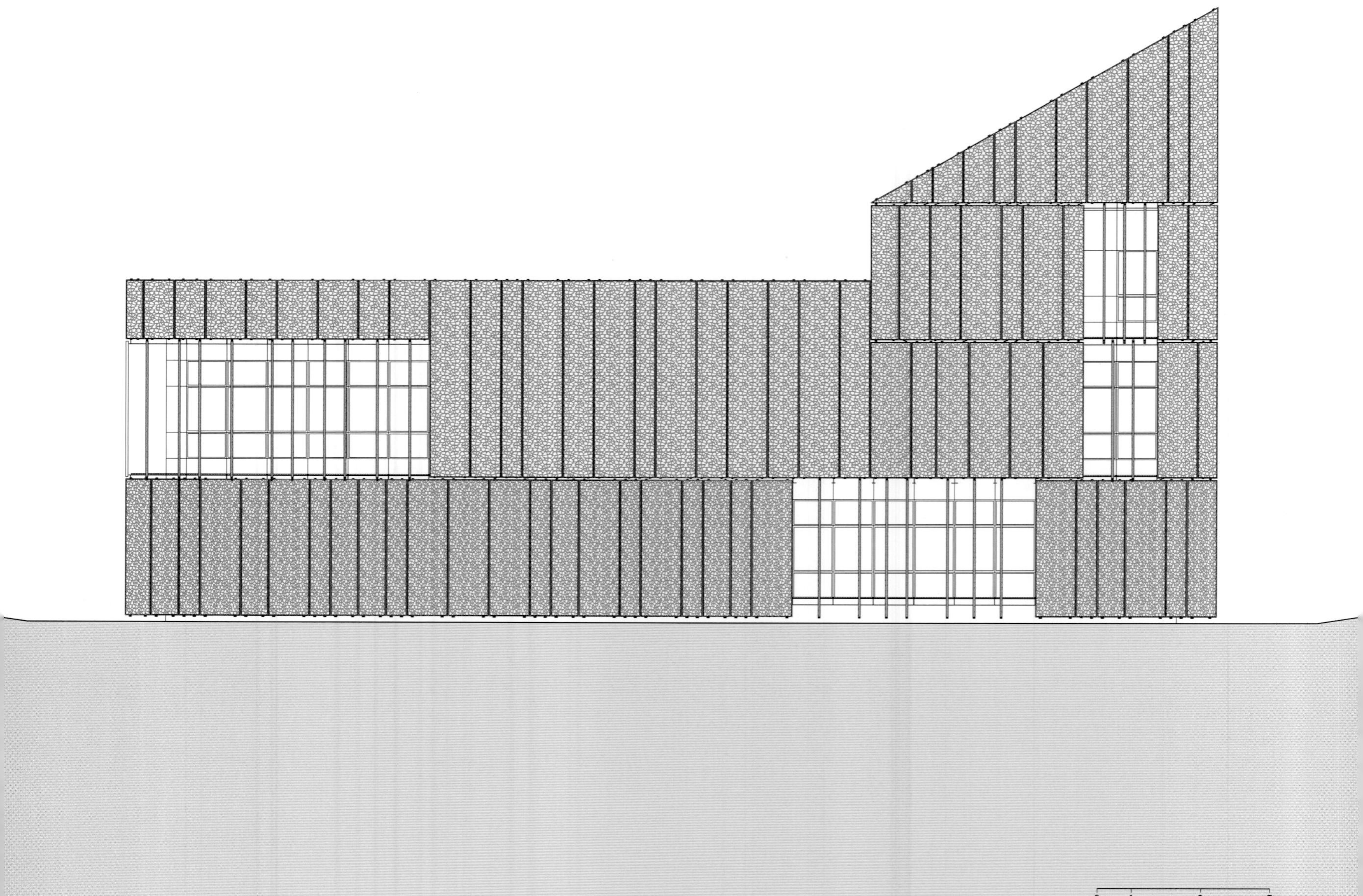

Prospetto ovest
West elevation

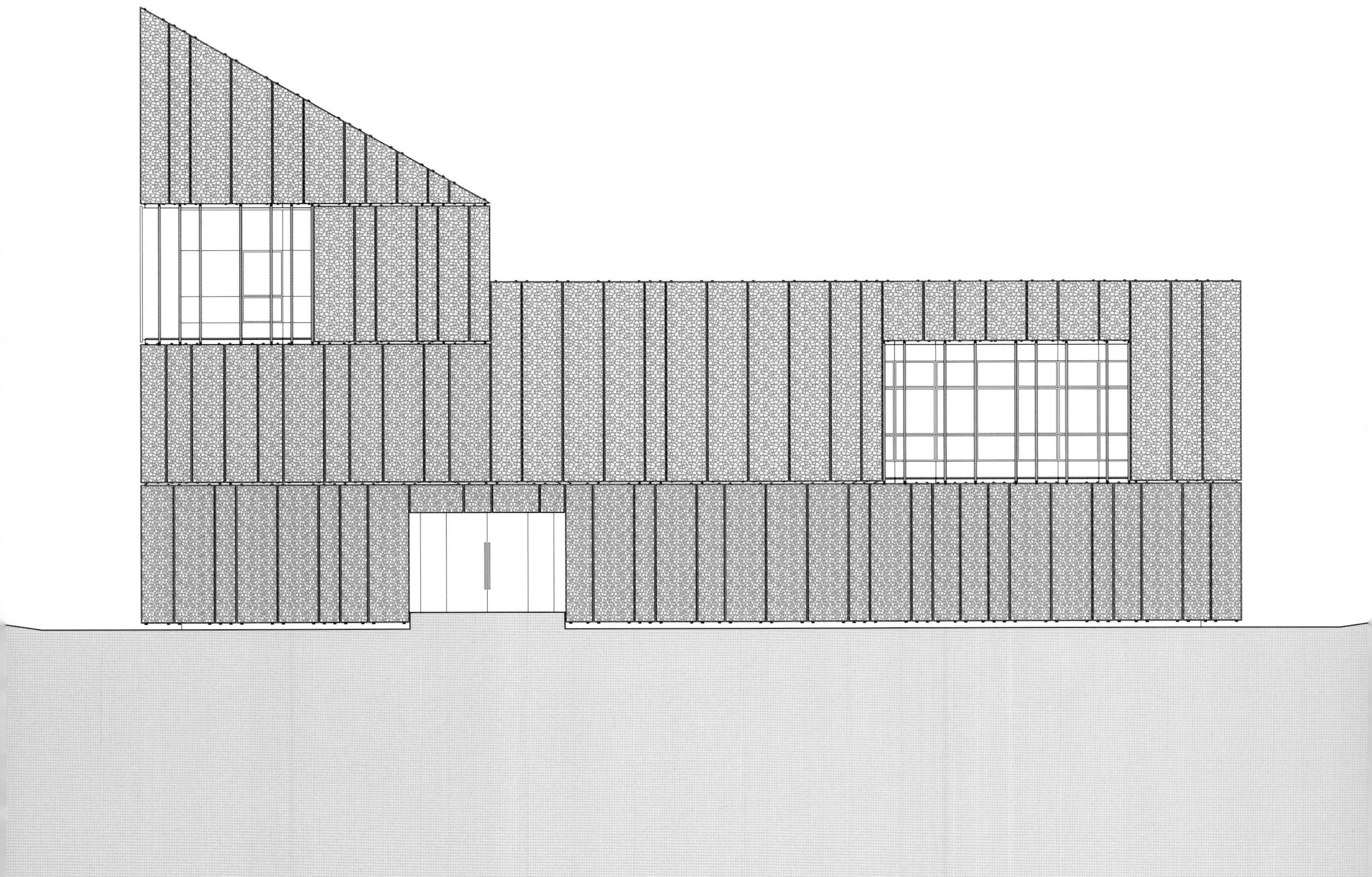

Pianta di dettaglio di un angolo tipo. Su ciascun livello verso l'esterno è realizzato un solaio in grigliato metallico sulla cui trave di bordo sono fissati i pannelli del brise-soleil. La distanza che si crea tra l'involucro traforato esterno e le chiusure verticali dell'edificio consente di modulare la radiazione solare incidente. Il rivestimento dell'edificio è stato paragonato a un "abito da sposa" che, sebbene sempre uguale in tutti i suoi lati, acquista un effetto mutevole secondo le diverse ore del giorno

1. pilastro
2. facciata in alluminio e vetro
3. trave secondaria
4. grigliato metallico per il corridoio di manutenzione
5. trave principale
6. facciata in cotto

Detail in plan of a typical corner. At each floor level, projecting steel grates support the beams onto which the brise-soleil panels are mounted. The distance between the inner and outer skins of the building envelope makes it possible to control the incident solar radiation. The outer skin of the building has been compared to a "wedding dress". Though the materials are the same on all sides, they create the effect of an ever-changing surface throughout the day

1. pillar
2. aluminum and glass façade
3. secondary beam
4. grid corridor for maintenance
5. primary beam
6. cotto façade

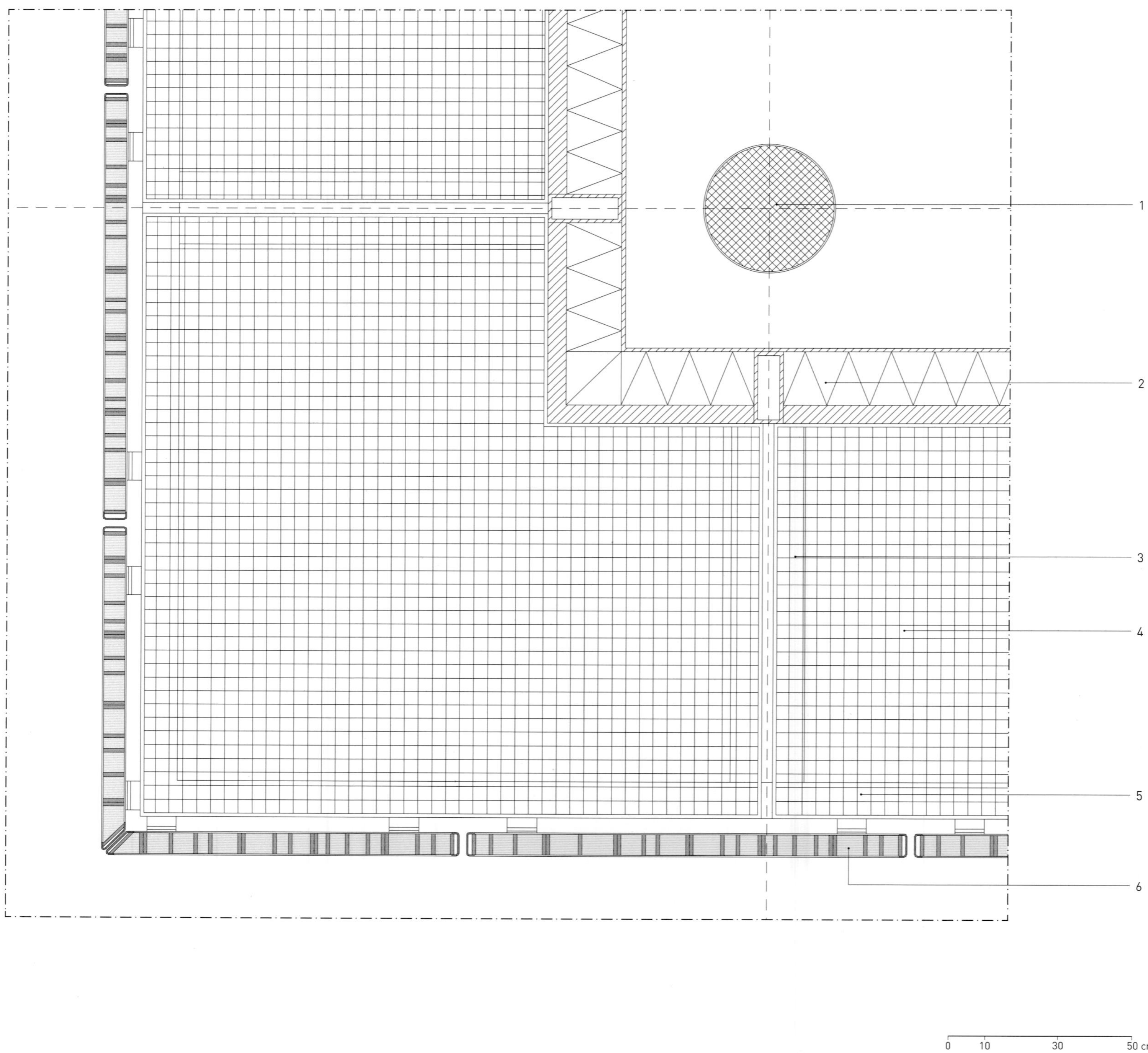

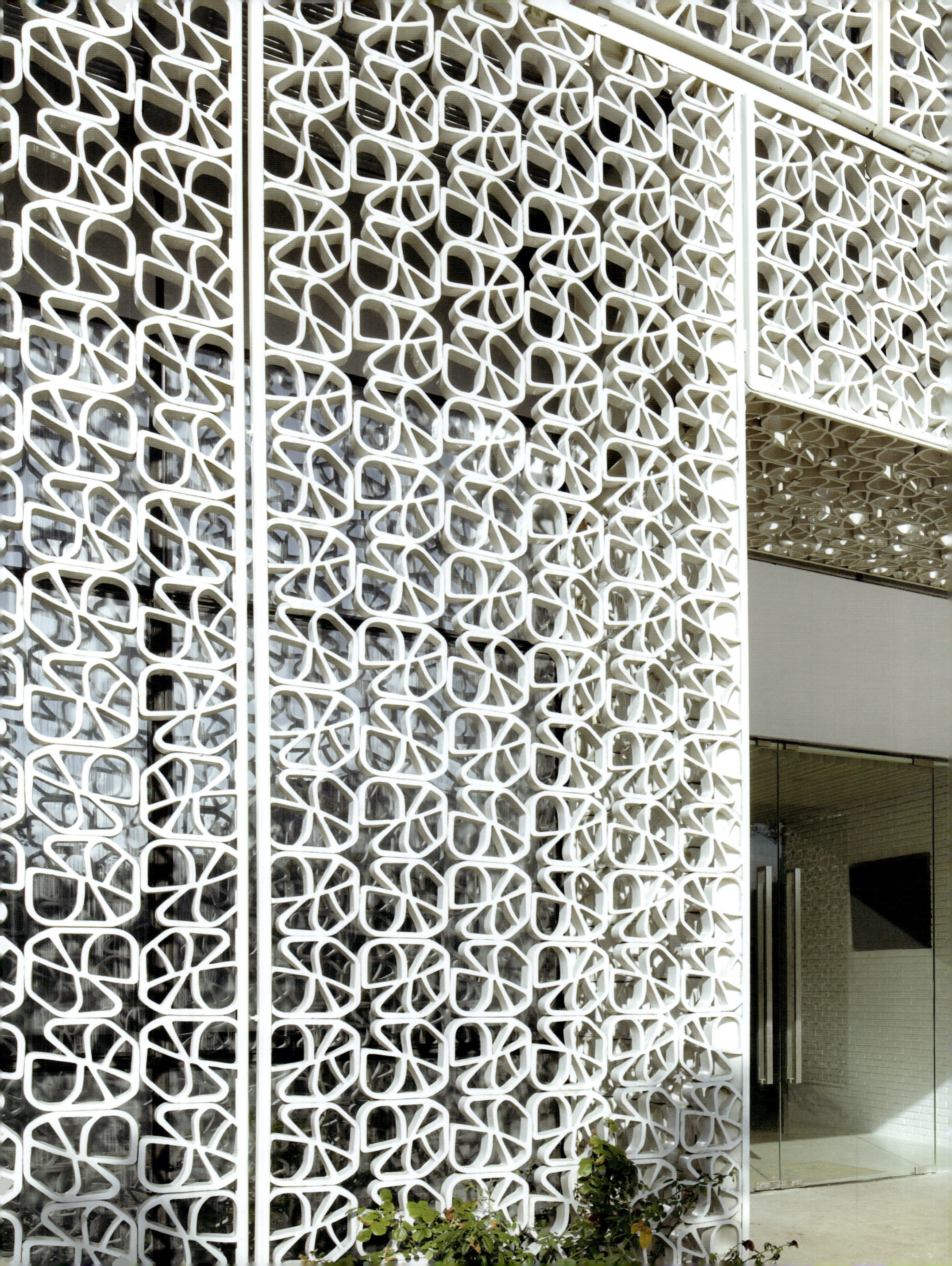

拉

In questa pagina e nelle pagine precedenti
I 1.500 metri quadri di superficie si sviluppano su tre livelli: due ospitano laboratori, sale riunioni, aule e spazi espositivi mentre il terzo piano accoglie due appartamenti utilizzati come luoghi di sperimentazione e monitoraggio delle nuove tecnologie ad elevata efficienza energetica
On this page and the previous pages
The 1,500 square metres of floor area extends over three levels: the first two levels host laboratories, meeting rooms, classrooms, and exhibition spaces, while the third level accommodates two apartments for experimenting with and monitoring new high energy-efficiency technologies

A destra
Dettaglio della scala interna: il parapetto in lamiera piena di ferro con spessore di 15 mm ha funzione strutturale; l'intera scala è stata realizzata fuori opera e riassemblata in cantiere prima del montaggio dei serramenti
At right
Detail of the internal stairs: the parapet, made from bars in 15 mm thick steel plate, is a structural element. The entire stair was built off-site and reassembled on-site before installing the building enclosure

Sezione di dettaglio sul ballatoio di distribuzione del primo piano. Il controsoffitto del ballatoio è caratterizzato da piatti in acciaio installati in modo tale da essere in continuità con quelli del parapetto

1. **piatto in acciaio 40×8 mm saldato ai piatti verticali**
2. **massetto 8 cm**
3. **profilo in acciaio L 80×80×6 mm fissato al solaio in calcestruzzo**
4. **solaio in calcestruzzo**
5. **trave in acciaio I 350**
6. **profilo in acciaio L 80×80×6 mm saldato alla struttura in acciaio**
7. **lastra in acciaio 1.200×1.120×4 mm saldato ai profili a 'L' – verniciato bianco**
8. **piatto in acciaio 2.292×40×8 mm saldato alla lastra di acciaio – verniciato bianco**
9. **tiranti per il controsoffitto, fissati al solaio in calcestruzzo**
10. **profilo in acciaio del controsoffitto 30×30×2 mm**
11. **profilo in acciaio 80×8×0,5 mm saldato al profilo del controsoffitto – verniciato bianco**

Detail section of the distribution balcony on the first floor. The false ceiling below the balcony consists of bars in steel plate, installed in continuity with those of the parapet

1. steel plate 40×8 mm welded to the vertical plates
2. screed 8 cm
3. steel profile L 80×80×6 mm fixed to the concrete slab
4. concrete slab
5. steel beam I 350
6. steel profile L 80×80×6 mm welded to the steel structure
7. steel sheet 1,200×1,120×4 mm welded to the L profiles – white painted
8. steel plate 2,292×40×8 mm welded to the steel sheet – white painted
9. hanger for the false ceiling fixed to the concrete slab
10. steel profile of the false ceiling 30×30×2 mm
11. steel profile 80×8×0.5 mm welded to the profile of the false ceiling – white painted

A destra
Foto di dettaglio del sistema controsoffitto-parapetto
At right
Detail photo of the false-ceiling/parapet system

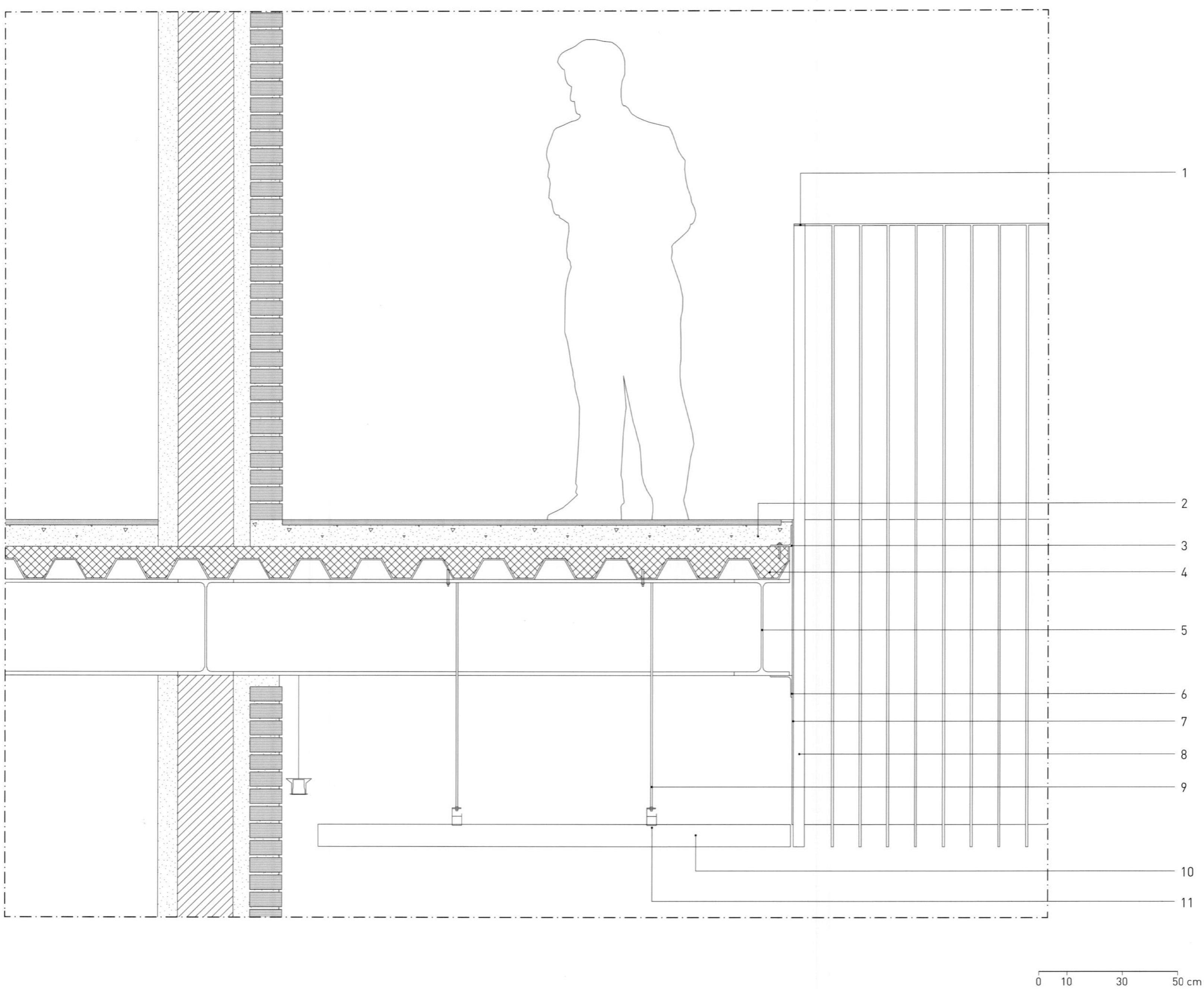

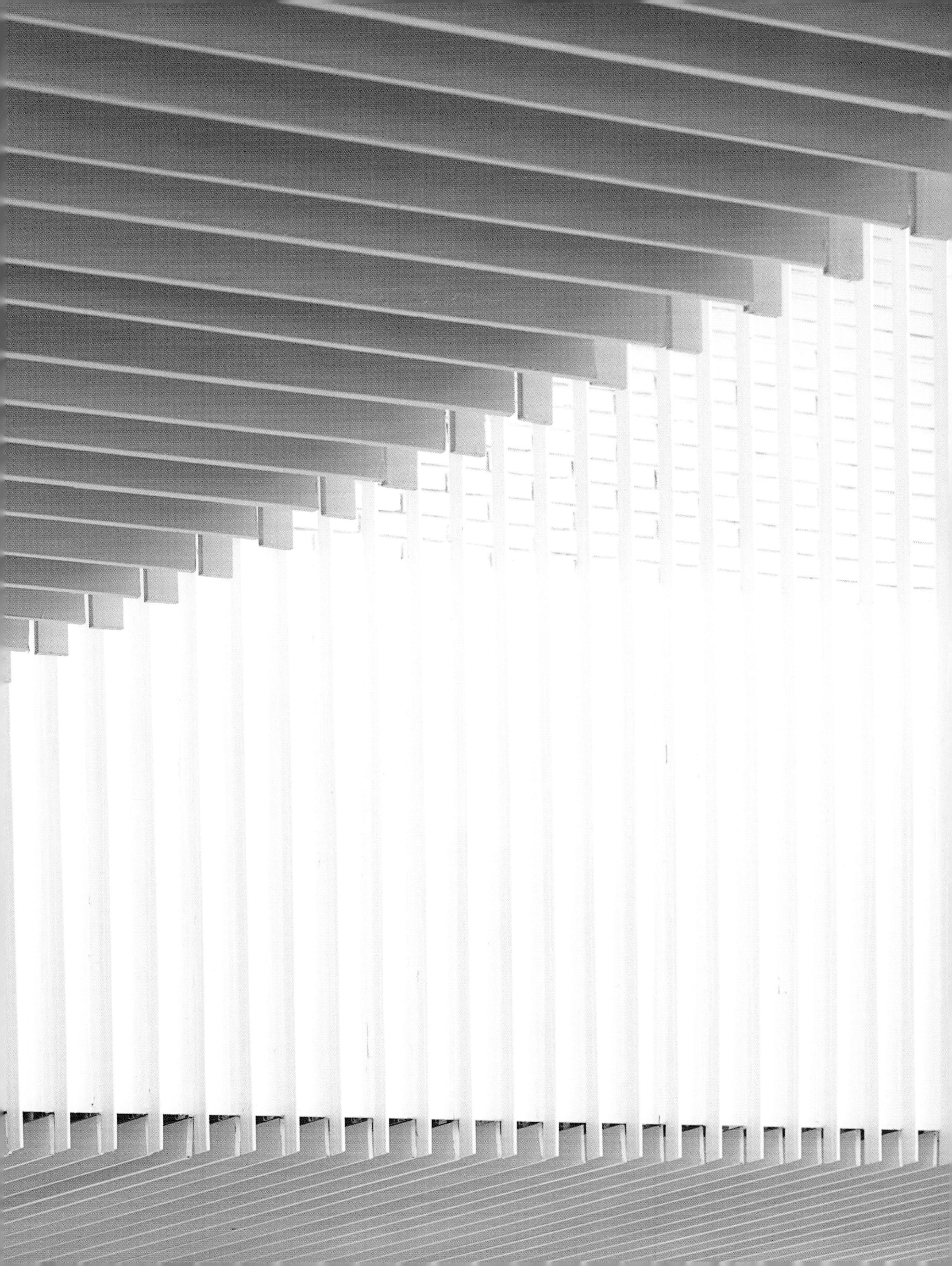

Viste della corte centrale in fase di cantiere. Lavorazioni sui paramenti in mattoni e sui parapetti del ballatoio
View of the central courtyard during construction. Construction of the brick infill walls and the balcony parapets

Una breve storia degli involucri

Valerio Paolo Mosco

A short history of building envelopes

Valerio Paolo Mosco

L'involucro è stato per l'architettura l'innovazione tecnica che ha permesso alla più significativa architettura degli ultimi decenni di esprimersi compiutamente. Un'innovazione tecnica talmente strutturante il significato degli edifici da diventare nel tempo quella che Ernst Cassirer avrebbe definito una "forma simbolica" e come tale paradigmatica di un'epoca. Un carattere, questo, acquisito nel tempo in una lunga evoluzione che vale la pena di ripercorrere in quanto il GEL si iscrive in questa filiera, rappresentandone, a mio avviso, l'odierna logica conseguenza.

Sappiamo che lo Stile internazionale, secondo la ferrea interpretazione datane da Hitchcock e Johnson negli anni '30, si è caratterizzato per aver sostituito alla massa il volume, ossia la massa liberata dagli obblighi strutturali, ovvero dal suo peso. Le innovazioni tecniche della costruzione in acciaio e vetro, congiuntamente a quelle del cemento armato, avevano infatti decretato un tipo di costruzione inedita, in cui le facciate cessavano di essere portanti. Gli albori degli involucri devono quindi essere riferiti alla nascita all'incirca un secolo fa di quella che può essere considerata una vera e propria civiltà edilizia che mettendo a reagire la tecnica con l'invenzione dei nuovi linguaggi astratti appendeva le facciate (Le Corbusier) o riduceva la costruzione ad un gioco di lastre giustapposte tra loro (Neoplasticismo). Il volume, al contrario della massa, è duttile e come tale si presta ad accogliere quelle evoluzioni stilistiche che nel tempo cercano necessariamente la loro espressione; una possibilità che però verrà compresa diversi decenni dopo lo Stile internazionale.

Dopo la seconda guerra mondiale una nuova concezione tettonica si affianca alla costruzione volumetrica: il cemento armato faccia vista. Una tecnica sperimentata per la prima volta da Frank Lloyd Wright nel Tempio unitario a Chicago ma che verrà ripresa solo negli anni '50, quando questo tipo di costruzione troverà la sua legittimazione stilistica in alleanza con l'Art Brut, con l'Espressionismo Astratto e con il pensiero esistenzialista tipici di quegli anni. Nel decennio successivo, stemperata l'ortodossia delle invarianti dei nuovi linguaggi, per la prima volta il volume scopre compiutamente la sua duttilità e con essa nuove capacità espressive. Colui il quale opera questa scoperta è, seppur inconsapevolmente, Louis Kahn.

In architecture, building envelopes have been the technical innovation that has made it possible for the most significant architecture of recent decades to fully express itself. This technical innovation has structured the meaning of buildings so much that, over time, it has become what Ernst Cassirer would have termed a "symbolic form", rendering it a paradigm of an era. This quality has been acquired over time through a long process which I think is worth retracing because GEL is both part of this history and, in my opinion, the present-day logical consequence of it.

We know that the defining feature of the International Style, according to the strict interpretation by Hitchcock and Johnson in the 1930s, was that it replaced mass with volume, which is to say it freed mass from its structural obligations that is, its weight. The technical innovations of construction in glass and steel, as well as in reinforced concrete, had spawned a new type of building in which façades were no longer bearing structures. The dawn of building envelopes can thus be tied to the birth, about a century ago, of a building culture in which, by allowing technology to react to the invention of new abstract languages, resulted in hung façades (Le Corbusier), or reduced the building to an interplay of juxtaposed slabs (Neo-Plasticism). Volume, unlike mass, is flexible, and thus it lends itself to accommodating the stylistic developments that inevitably express themselves over time. This ability, however, would be understood only several decades after the International Style.

Following World War II, a new architectural concept joined the construction of volume: exposed reinforced concrete. This technology was adopted for the first time by Frank Lloyd Wright for the Unity Temple in Chicago. It was returned to only in the 1950s, when this kind of construction found its stylistic legitimisation in an alliance with Art Brut, Abstract Expressionism and the existentialist ideas of those years. Over the next decade, once the orthodoxy against variants of new vocabularies had softened, volume fully discovered its flexibility for the first time, along with its new expressive capabilities. The architect who made this discovery was Louis Khan, albeit unbeknownst to him. The person who understood Kahn best was Vincent Scully. Analysing the projects Kahn was developing in the latter part of his career, Scully noted that when Kahn fell in love

Studi per il concept della formella in cotto del brise-soleil. Gli elementi in cotto sono stati interamente prodotti in Italia per essere successivamente assemblati in cantiere. Il disegno della formella trafilata è stato sviluppato ad hoc ispirandosi agli ideogrammi cinesi, in particolare a quelli degli elementi naturali aria, acqua, fuoco, terra

Genesi formale dei conci in terracotta:

A. stilizzazione dell'ideogramma cinese
B. stilizzazione avanzata
C. stilizzazione dei caratteri *terra* e *acqua*
D. stilizzazione dei caratteri *luce* e *vento*

Concept studies for the ceramic elements of the brise-soleil panels. The ceramic elements were entirely produced in Italy and then assembled on-site. The design of the extruded elements was developed based on Chinese ideograms, in particular those representing air, water, fire, and earth

Origin of the forms of the terracotta blocks:

A. stylization of the Chinese ideograms
B. advanced stylization
C. stylization of the ideograms for *earth* and *water*
D. stylization of the ideograms for *light* and *wind*

A

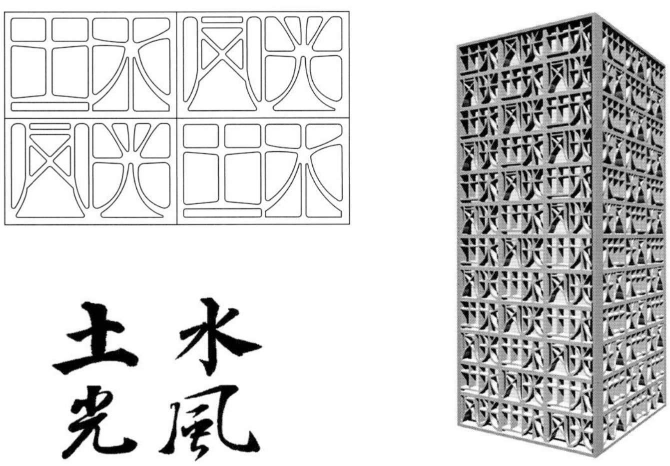

B

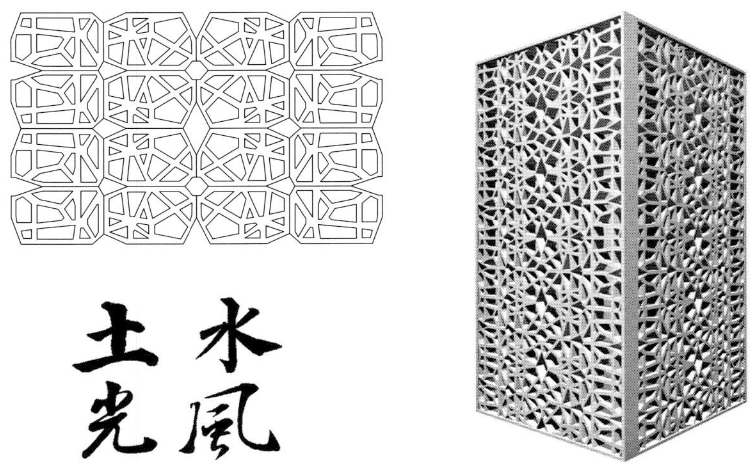

C

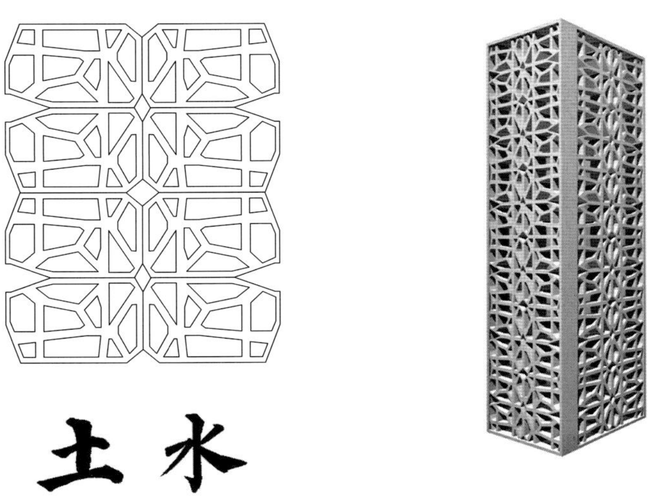

D

Vista del sistema degli involucri separati dal grigliato metallico esterno. Il brise-soleil scherma parzialmente pareti e finestre degli ambienti interni
View of the system of inner and outer skins separated by steel grating. The brise-soleil partially screens the walls and windows of the interiors

Chi meglio di tutti ha capito Kahn è Vincent Scully che analizzando i progetti che l'architetto stava mettendo a punto nella fase tarda della sua carriera, nota che, da quando Kahn si era innamorato dei muri in rovina visti a Roma, inizia a pensare ad un'architettura che, in analogia a quella romana, tende a gemmare le sue forme geometriche partendo da un centro. Così procedendo Kahn, scrive Scully, inizia a "rivestire gli edifici di muri in rovina" e a questi affida l'immagine esterna dell'edificio. La sala delle assemblee di Dacca, specialmente se si considerano alcuni progetti alternativi e più ridondanti rispetto a quello realizzato, è un esempio paradigmatico della nuova stagione kahniana che di fatto porta a compimento la trasformazione del volume in involucro. Eppure Kahn ha sempre ribadito il suo credo modernista anche durante l'eclettica fase finale della sua carriera, quasi non si fosse accorto (come invece si era accorto Scully) della rivoluzione tettonica da lui intrapresa, tanto da prendere le distanze da un suo allievo, Robert Venturi che nel 1966 dà alle stampe *Complessità e contraddizione nell'architettura*. Nel suo manifesto gentile, che a tutti gli effetti è una severa critica all'ortodossia moderna, Venturi delegittima alcuni assiomi dei linguaggi astratti. Tra i nove punti a favore di un'architettura che finalmente non avrebbe avuto timore di risultare complessa e contraddittoria, egli postula la scissione tettonica e stilistica tra interno ed esterno dell'edificio. Proprio negli anni in cui Venturi scrive il suo fortunato libro, l'Occidente è investito dall'avvento della cultura di massa. Da più parti si cerca allora di decodificare il fenomeno attraverso le scienze sociali da un lato e dall'altro riferendosi alla semiologia, alle teorie dei segni e della comunicazione. Il secondo libro di Venturi, in collaborazione con la Scott-Brown e Izenour, *Learning from Las Vegas* di fatto travasa le tesi di *Complessità e contraddizione nell'architettura* nell'alveo della semiologia. Proprio attraverso questa disciplina gli autori si accorgono che Las Vegas, la città kitsch senza architetti da cui è necessario imparare, propone un modello edilizio spontaneo efficientissimo in quanto realizza la scissione tra interno funzionale dell'edificio ed esterno comunicativo dello stesso preconizzata dall'autore in passato. Ha ragione Denise Scott-Brown quando afferma che se ancora per Kahn il paradigma di riferimento era lo spazio, dalla seconda metà degli anni '60 esso diventa la comunicazione popolare e in questo

with the ancient wall ruins of walls he saw in Rome, he started to envision an architecture that, analogous to Roman architecture, would sprout its geometric forms from a central core. Scully wrote that, in so doing, Kahn started to create "ruins wrapped around buildings" and entrusted the building's exterior image to them. The assembly hall in Dhaka, particularly if we look at some alternative designs that are more redundant than the one implemented, is emblematic of Kahn's new phase, as it actually turns the volume into an envelope. Kahn, however, often repeated his Modernist credo even during the eclectic last phase of his career, almost as if he had not realised (as Scully had) the architectural revolution he had launched. He even distanced himself from one of his students, Robert Venturi, who published *Complexity and Contradiction in Architecture* in 1966. In his genteel manifesto, which is in reality a harsh criticism of modern orthodoxy, Venturi debunks certain axioms of abstract styles. In one of the nine points in favour of architecture that would finally be unafraid of appearing complex and contradictory, he postulated the tectonic and stylistic split between the building's inside and outside. In the years when Venturi was writing his acclaimed book, the West was being overrun by the rise of mass culture. There were widespread attempts to decrypt the phenomenon through social sciences, drawing on semiotics, i.e., theories of signs and communication. Venturi's second book, written with Denise Scott-Brown and Steven Izenour, *Learning from Las Vegas*, takes the thesis of *Complexity and Contradiction in Architecture* and applies it to the discourse of semiotics. Semiotics made the authors realise that Las Vegas, a kitsch city built without architects and from which architects had much to learn, offered a spontaneous building model that was highly efficient as it created a split between the building's functional interior and its communicative exterior, just as the Venturi had previously advocated. Denise Scott-Brown was correct when she said that, while for Kahn the paradigm was space, starting in the mid-1960s, popular communication became the paradigm. In this new context, the building envelope, i.e., façades completely disconnected from the interior (the decorated shed), became the perfect device for representing a radical paradigm shift. Throughout the 1970s and beyond, building envelopes were used almost exclusively in the United States, much less so in Europe.

Sezione verticale tipo. Successione degli ordini di pannelli in cotto fissati ai solai metallici esterni presenti ad ogni livello di piano. Si nota in particolare il pannello "a bandiera" che svela l'involucro più interno dell'edificio

1. **scossalina in alluminio**
2. **pannello sandwich di tamponamento in alluminio e polistirene**
3. **montanti in alluminio verniciato a caldo della facciata strutturale**
4. **solaio formato da lamiera grecata collaborante e soletta in cls con rete elettrosaldata, massetto allegerito in cls e pavimento in gres**
5. **trave IPE in acciaio delle struttura principale dell'edificio**
6. **pannello parasole montato a sbalzo**
7. **spazio ventilato**
8. **grigliato per la manutenzione in acciaio galvanizzato a caldo, sp. 40 mm**
9. **aggancio dei pannelli parasole formato da elemento ad U (83×80×8 mm) con fori per unione dado bullone M10**
10. **struttura in acciaio di sostegno del brise-soleil con trave IPE**
11. **pannello parasole montato complanare alla facciata**
12. **finestra a vasistas**

Typical vertical section. Succession of the orders of panels in ceramic elements, fixed to the steel grate walkways that surround the building at every level. The panels mounted in a banner configuration permit views of the inner building envelope

1. aluminium flashing
2. sandwich infill panel in aluminum and polystyrene
3. aluminum uprights of the structural façade, with powder coating
4. floor consisting of corrugated steel roof decking for composite structures, concrete screed with welded wire mesh, lightweight concrete topping, and porcelain tile flooring
5. IPE steel beam of the main building structure
6. brise-soleil panel mounted in overhanging position
7. ventilated space
8. maintenance grating in hot-dip galvanized steel, th. 40 mm
9. mounting elements for the brise-soleil panels consisting of U-profiles (83×80×8 mm) with perforations for M10 nuts and bolts
10. steel structure in IPE beams supporting the brise-soleil panels
11. brise-soleil panel mounted parallel to the façade
12. hopper window

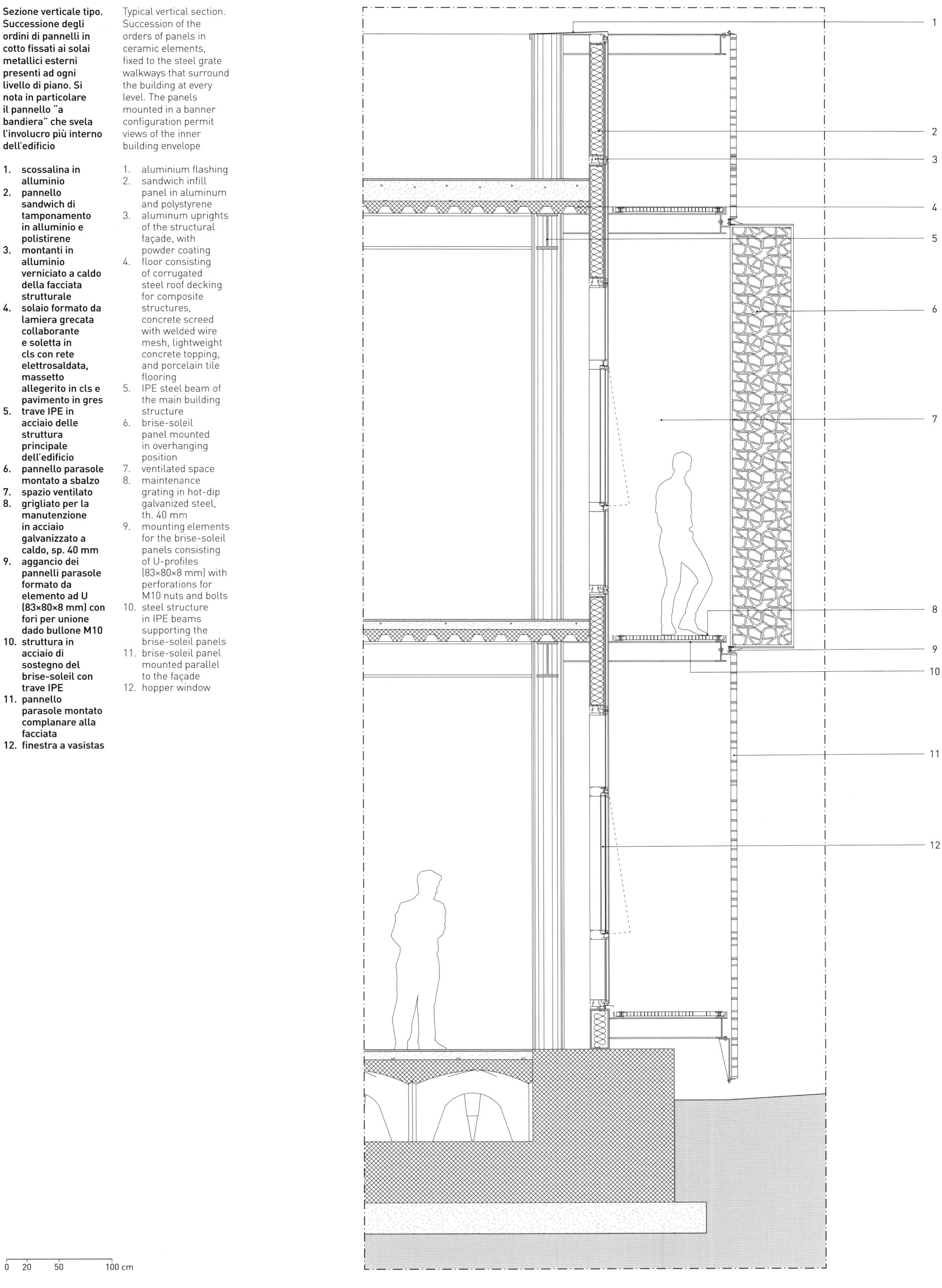

nuovo contesto l'involucro, ovvero le facciate svincolate totalmente dall'interno (decorated shed), diventa il perfetto dispositivo capace di rappresentare il radicale cambio di paradigma. Per tutti gli anni '70 ed oltre, gli involucri vengono realizzati quasi unicamente negli Stati Uniti, meno in Europa. Nella famosa Biennale curata da Paolo Portoghesi del 1980, quella della "Strada Novissima", troviamo ben pochi involucri, mentre invece solo molte facciate intrise di segni, morfemi e citazioni storiche. L'involucro edilizio come lo conosciamo oggi non è infatti un'invenzione post-moderna, bensì del periodo successivo, quello che inizia alla fine degli anni '80 in cui proprio in opposizione ad uno storicismo precocemente appesantito si afferma un modernismo radicale, estremo e spettacolare. Probabilmente si può parlare compiutamente di involucri da quando Jean Nouvel nel 1987 finisce di realizzare a Parigi l'Institut du Monde Arabe le cui facciate sono costituite unicamente da una sequenza avvolgente di frangisole meccanici che funzionano come gli otturatori delle macchine fotografiche. L'edificio è il primo di una serie in cui il principio dell'involucro raggiunge quel grado di duttilità che sostanzierà le opere di Herzog & de Meuron, Gehry, Van Berkel, Arets, Libeskind e la Hadid. Gli anni '90 ci hanno presentato così una lunga passerella di involucri sostanziati per altro da un notevole sviluppo tecnologico che ha permesso di importare da altre discipline materiali e tecniche di lavorazione sempre più sofisticate. Abbiamo avuto così per più di quindici anni una lunga sequenza che trova ai suoi estremi da un lato gli involucri pittorici, ovvero quelli bidimensionali e grafici, e dall'altro quelli plastici in cui l'intercapedine tra il corpo dell'edificio e la sua pelle ha acquisito uno spessore sempre maggiore permettendo così in facciata inediti effetti scultorei.

Veniamo ai nostri giorni e con essi al GEL. Proprio pensando a questo edificio notiamo un cambio di direzione sottile ma determinante che di fatto mette in discussione l'assunto di Venturi e della Scott-Brown secondo il quale la scissione tra interno ed esterno debba trovare la sua ragione nelle necessità indotte dalla comunicazione di massa. È chiaro che il GEL, come adeguatamente afferma nel suo scritto Feng, ha proprietà comunicative, ma queste ultime non sono immediate ma si attestano in una dimensione

In the famous Biennale curated by Paolo Portoghesi in 1980, the *Strada Novissima*, there are very few building envelopes, though there are many façades full of signs, morphemes, and historical references. The building envelope as we know it today is not actually a post-modern invention. It is from the period that came after, starting in the late 1980s, when a radical, extreme, spectacular modernism took off in opposition to a historicism that had become too heavy too soon. It is fair to say that we can speak fully about building envelopes starting in 1987, when Jean Nouvel completed the Arab World Institute in Paris, whose façade was wrapped entirely in a sequence of mechanical brise-soleils that worked like camera shutters. This was the first building in a series in which the principle of the building envelope achieved a level of flexibility that came to underpin the works of Herzog & de Meuron, Gehry, Van Berkel, Arets, Libeskind, and Hadid. The 1990s offered up a long procession of building envelopes also supported by impressive technological development that imported materials and increasingly sophisticated manufacturing techniques from other disciplines. For more than fifteen years, this led to a long sequence of works. On one end of the spectrum are the pictorial envelopes, which are almost two-dimensional graphic works, and on the other are the sculptural ones, in which the air gap between the building and its skin continued to widen, allowing for unprecedented sculptural effects on the façade.

This brings us to the present-day and to GEL. Considering this particular building, we can see a shift in direction which is subtle but decisive, and which calls into question Venturi's and Scott-Brown's assumption that the division between the interior and exterior should find its justification in the needs induced by mass communication. As Fang correctly wrote in his article, GEL has communicative traits, but they are not direct, as they emerge in a dimension that could be called laconic. It is as if the mechanism between the sign and the signified, once considered one-to-one (as in Pop Art), has been given an added layer of interpretation. Looking at a building like GEL and its elegant restraint, we can see that it most importantly describes a change in values. Recent sensitive architecture has been replacing the communicative paradigm with an environmental

per così dire laconica, come se tra segno e significato il meccanismo che in passato si credeva a presa diretta (la Pop Art) abbia acquistato gioco. A ben vedere infatti un edificio come il GEL intende innanzitutto con il suo elegante riserbo, descrivere un cambiamento di valori. Negli ultimi anni infatti l'architettura più sensibile è andata sostituendo al paradigma comunicativo quello ambientale. Intendo ambiente nell'accezione data al termine da Ernesto Nathan Rogers, secondo la quale l'edificio ha come il dovere di assoggettarsi criticamente al contesto stemperando il suo valore di figura per riscoprire quello di sfondo. In definitiva il contrario di quello che ancora oggi può considerarsi il paradigma degli involucri anni '90: il Guggenheim di Gehry a Bilbao. È interessante notare che questo cambiamento di paradigma estetico, che come tale investe il gusto e la sensibilità collettiva, trova le sue ragioni anche nell'evoluzione di quella che potremmo definire la sensibilità tecnica. La sostenibilità, ovvero la capacità di un edificio di ridurre al minimo gli sprechi energetici alla ricerca del massimo comfort, sostanzia la nuova stagione degli involucri ambientali. Il GEL va dunque considerato con un duplice sguardo. Va visto innanzitutto nel contesto più ampio, in relazione con gli edifici, le infrastrutture e la natura circostante: proprio in ragione di questa relazione si spiega allora la scelta di Archea di adottare un linguaggio sintetico, laconico e di sfondo. Va inoltre visto da vicino come involucro sostenibile, come macchina discreta per rendere sempre più ergonomico l'oggetto edilizio. La capacità di sintesi in un oggetto unitario di questo duplice sguardo, ambientale da lontano e sostenibile da vicino, accomuna i migliori involucri contemporanei.

one. Environment here is meant in the sense that Ernesto Nathan Rogers gave the term, according to which the building has the duty to subject itself critically to the context, subduing its figurative value to rediscover the value of the background. In other words, this is the opposite of what could still be considered the icon of 1990s building envelopes, Gehry's Guggenheim in Bilbao. It is interesting to note how this shift in aesthetic paradigm, which, as such, affects collective taste and sensibility, has its roots in the evolution of what we could call technical sensibility. Sustainability, or the capacity for a building to minimise energy waste in pursuit of optimal comfort, underpins the new era of environmental envelopes. GEL should be looked at from a dual viewpoint. It should be seen first in the wider context, in relationship to the surrounding buildings, infrastructure, and nature. Based precisely on this relationship, we can understand Archea's decision to use a concise, laconic, background style. At the same time, it should be seen as a sustainable envelope, a subtle machine for making the building increasingly ergonomic. This two-sided viewpoint, environmental from afar and sustainable from up close, can merge into a unified object, and it is a feature shared by the best contemporary building envelopes.

A
Prospetto e sezione verticale e orizzontale di un pannello tipo

1. **telaio in acciao vernciato a C altezza 65 mm e di spessore 4 mm**
2. **predisposizione per l'aggancio formato da profilo metallico a L 50×35×60, spessore 5 mm con foro per unione dado bullone M10**
3. **concio in terracotta smaltato**

B
Disegni dei tre formati tipo utilizzati nel brise-soleil. La leggera diversità compositiva e l'asimmetria di ciascun modulo garantiscono la variazione del pattern complessivo. Conci finali di 3 dimensioni:

1. **196×192 mm**
2. **235×192 mm**
3. **292,5×192 mm**

A
Elevation and vertical and horizontal sections of a typical panel

1. painted frame in steel U-sections, 65 mm wide × 4 mm thick
2. eyelet for hanging, consisting of steel L-sections, 50×35×60 mm, 5 mm thick, with hole for M10 nuts and bolts
3. glazed ceramic element

B
Drawings of the three formats used in the brise-soleil. The slight diversity in composition and the asymmetry of each module ensure variation within the overall pattern. Finished ceramic elements in 3 dimensions:

1. 196×192 mm
2. 235×192 mm
3. 292.5×192 mm

A destra
Il disegno del modulo in cotto è studiato in maniera tale da consentire l'installazione secondo qualsiasi verso di posa. Si evita in tal modo la ripetizione seriale di pieni e vuoti ottenendo un pattern sempre variato

At right
The ceramic modules were designed for installation in any vertical orientation. This made it possible to avoid a strict repetition of solids and voids in order to obtain a constantly varying pattern

A

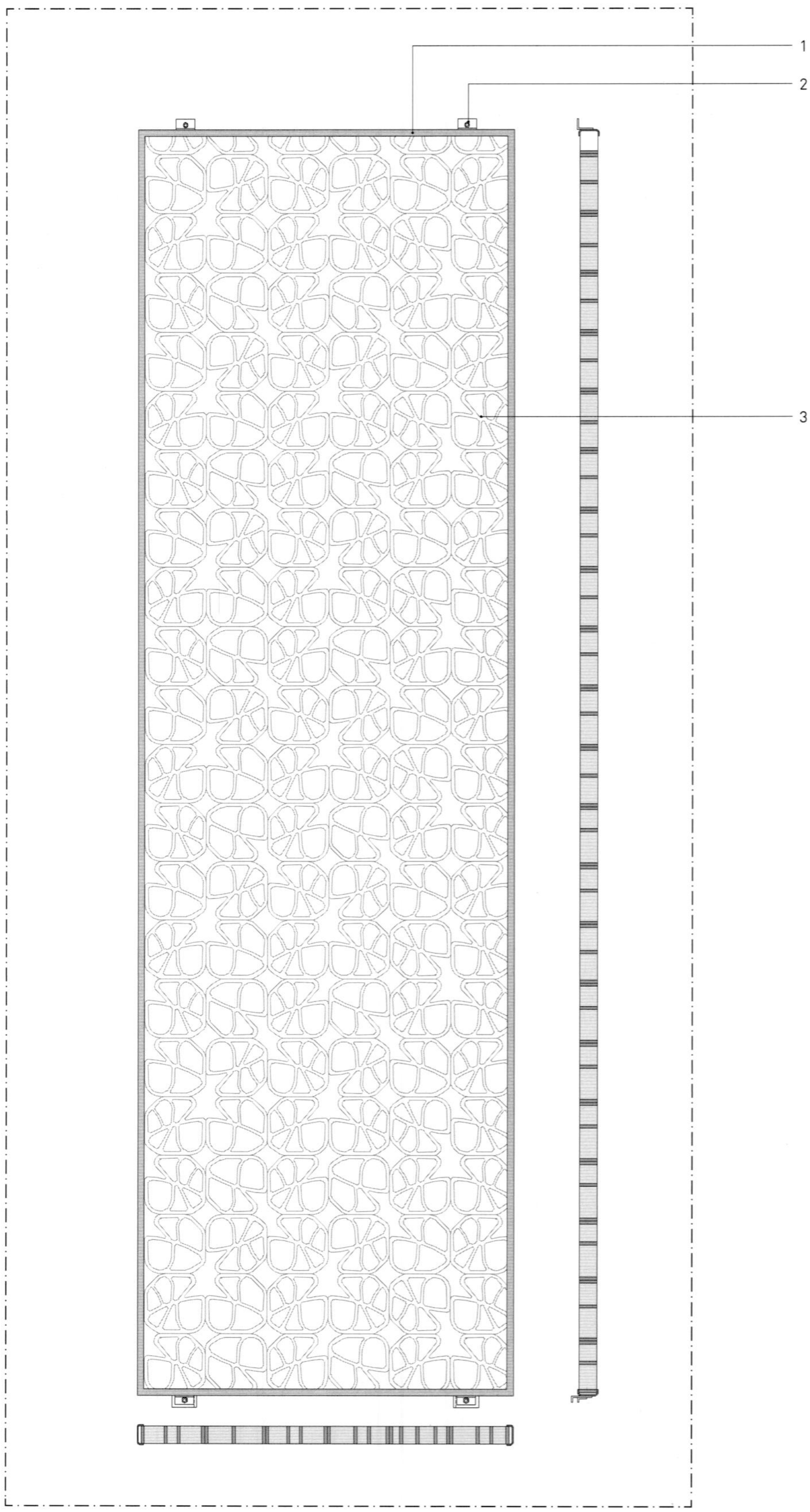

0 10 20 50 cm

B

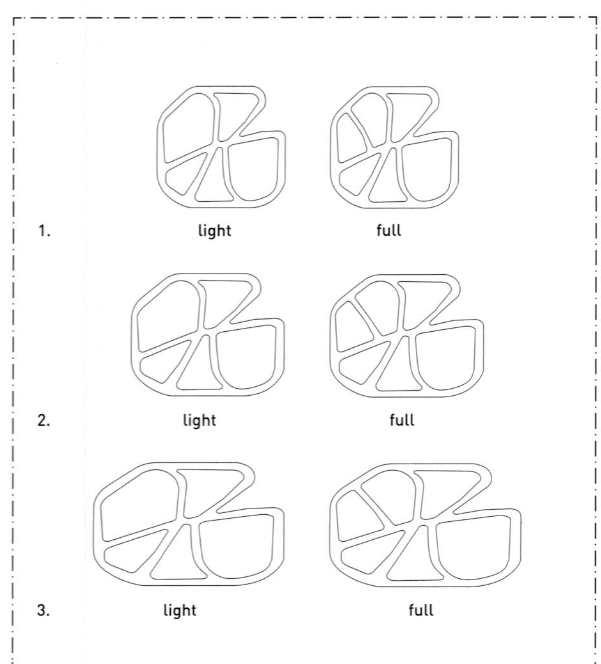

0 10 20 cm

Abaco dei pannelli del brise-soleil distinti per ciascuno dei prospetti. La facciata dell'edificio ha una superficie di 1.500 mq ed è formata da 369 finestre a graticcio e 25.692 elementi di ceramica
Schedule of the brise-soleil panels used for each of the elevations. The façade of the building covers a surface area of 1,500 sq m and is formed by 369 panels containing 25,692 ceramic elements

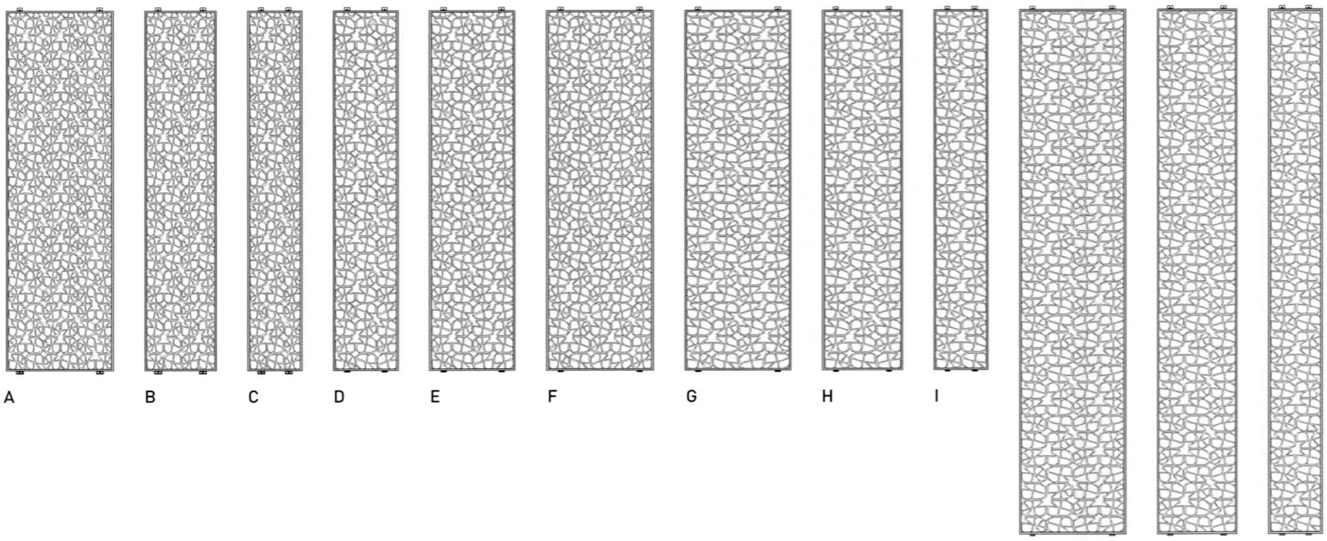

A B C D E F G H I L M N

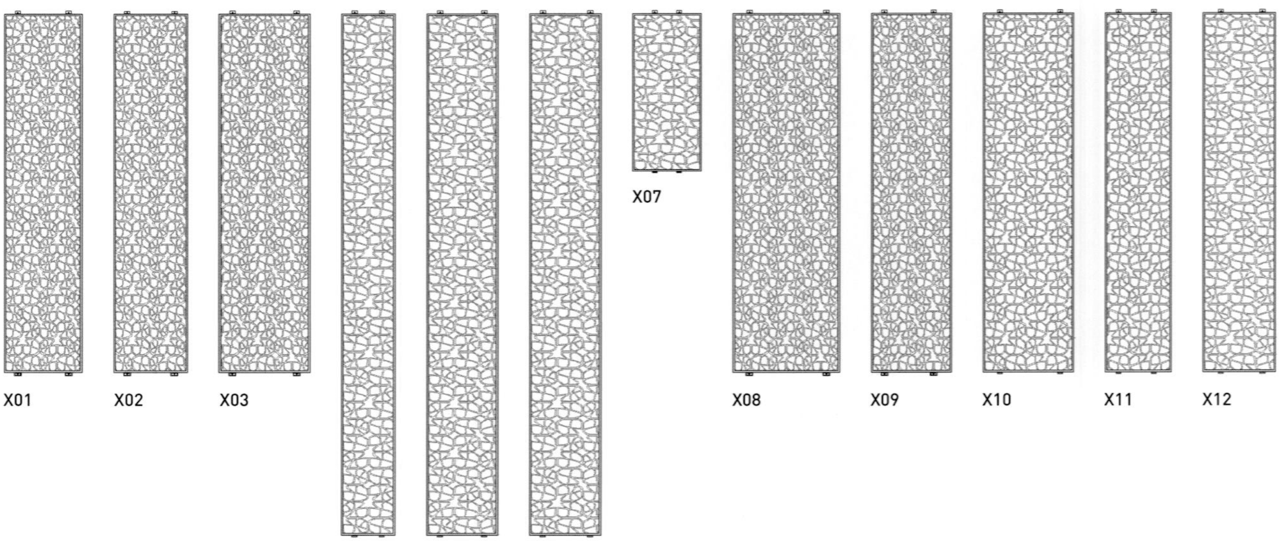

X01 X02 X03 X04 X05 X06 X07 X08 X09 X10 X11 X12

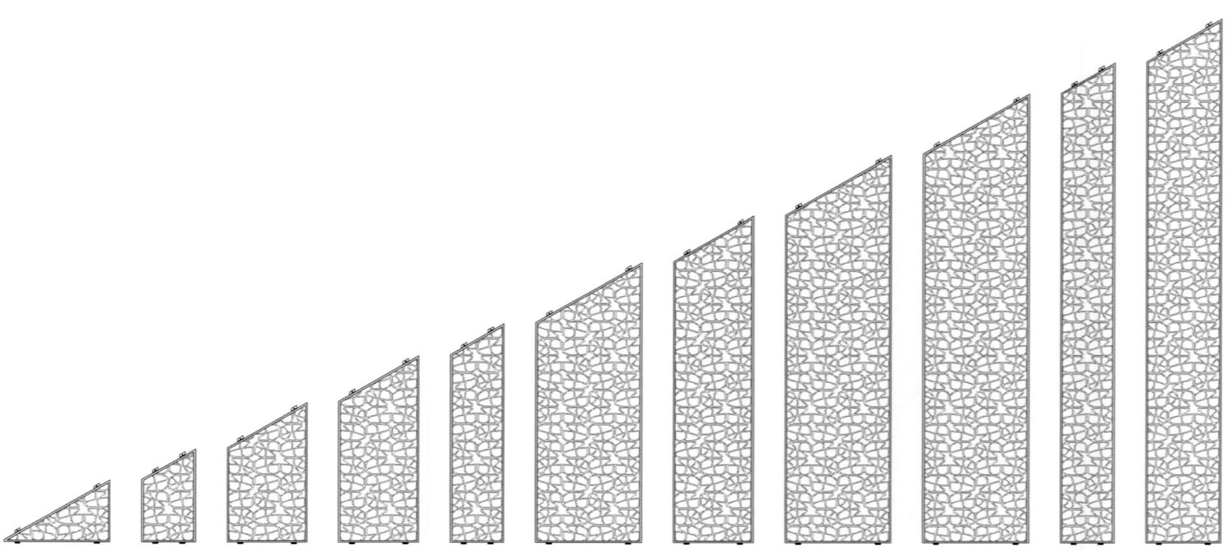

01 02 03 04 05 06 07 08 09 10 11

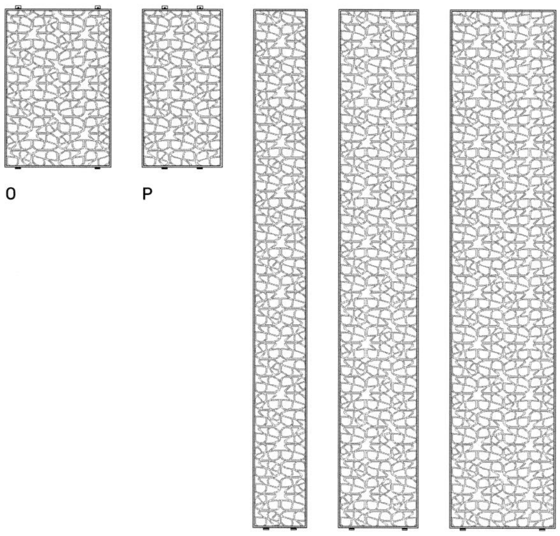

O P Q R S

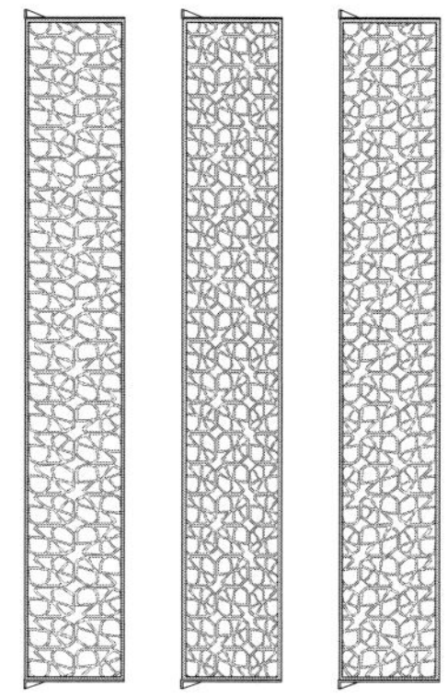

I hort C hort D hort

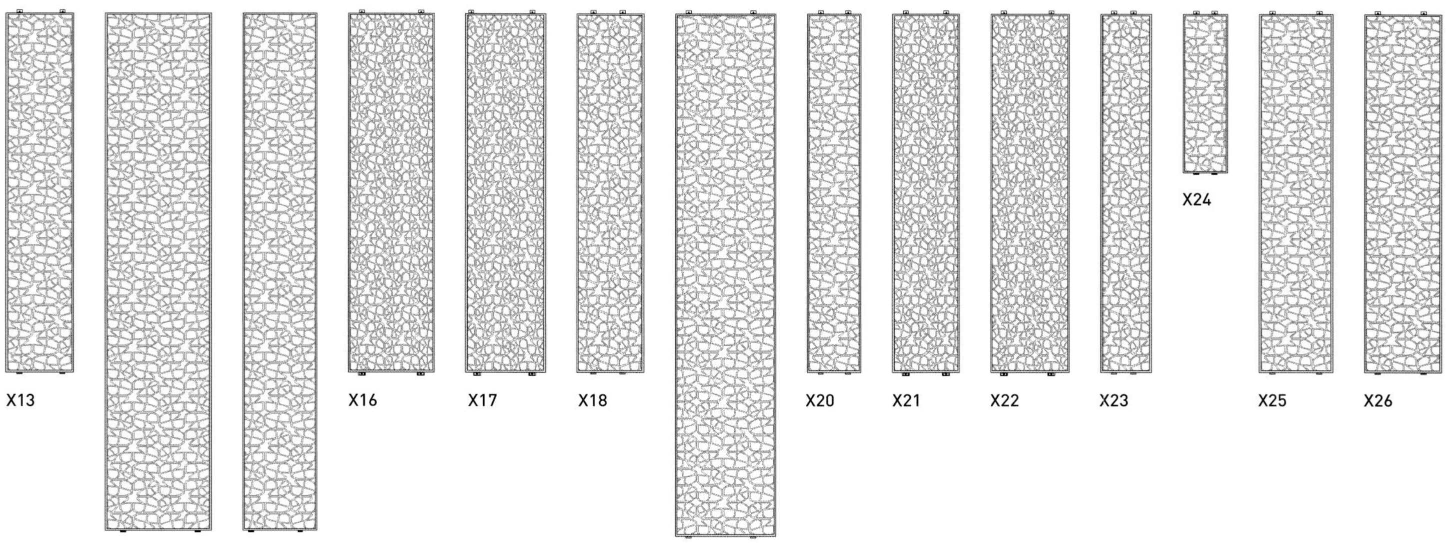

X13 X14 X15 X16 X17 X18 X19 X20 X21 X22 X23 X24 X25 X26

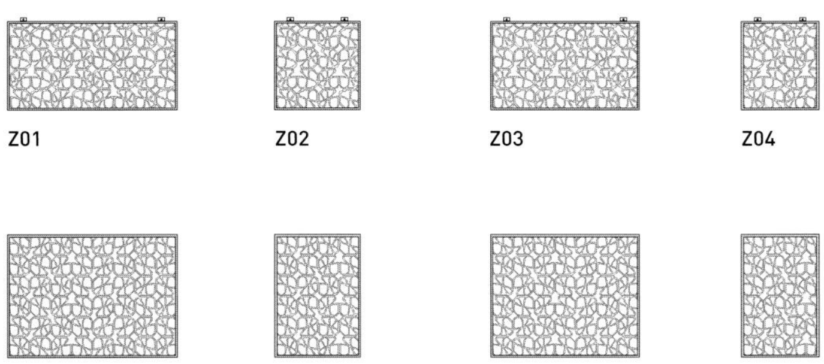

Z01 Z02 Z03 Z04

Z05 Z06 Z07 Z08

0 50 200 cm

A

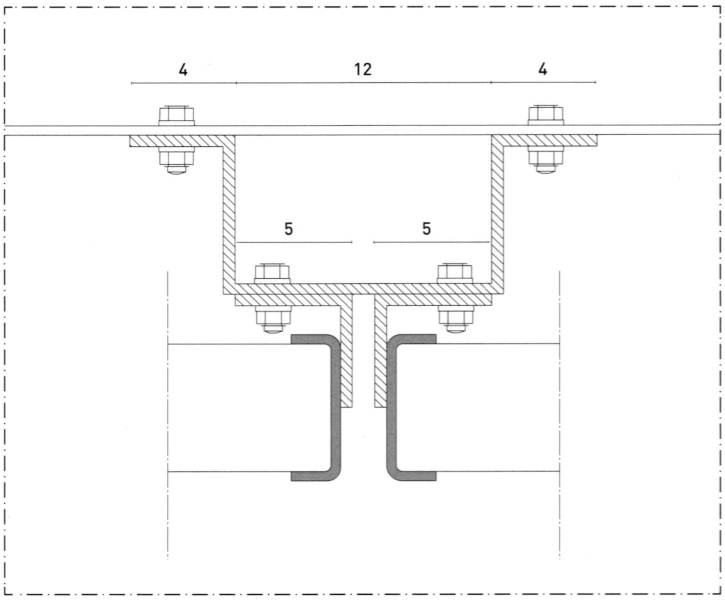

A
Ancoraggio intermedio per l'interruzione della luce libera dei telai di formato maggiore

A
Intermediate anchor point for the largest-format façade panels

B
Sezione e prospetto dei pannelli "a bandiera"

1. **2×M10**
2. **Piatto aggiuntivo in acciaio 100×45×8 saldato al profilo a L**
3. **Profilo in acciaio L 590×55×60×10 con asole per aggiustare la posizione del bulloni, saldato al telaio in acciaio del pannello del frangisole**

B
Section and elevation of panels in the banner configuration

1. 2×M10
2. Additional plate 100×45×8 welded to the L profile
3. Steel profile L 590×55×60×10 with eyelets for adjusting the bolt positions, welded to the steel frame of the brise-soleil panel

B

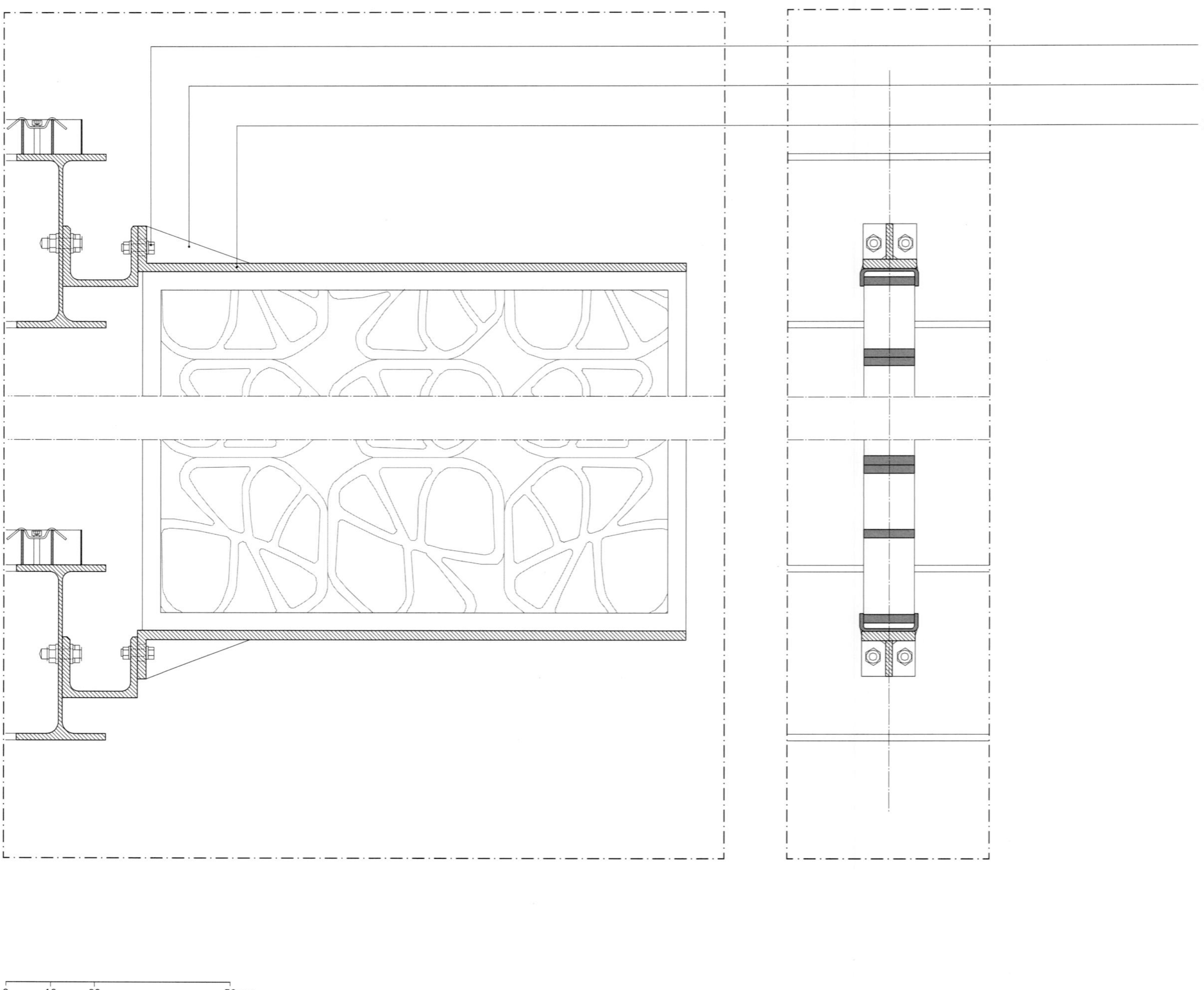

C
Sezione verticale tipo della facciata. I profili di fissaggio permettono al sistema dei pannelli di nascondere lo spessore dei solai metallici

1. **Profilo in acciaio L 70×50×8**
2. **M10**
3. **Profilo in acciaio L 50×35×60×5 saldato al telaio in acciaio del pannello del frangisole, con asole per aggiustare la posizione dei bulloni**
4. **M12/30 cm**
5. **Frangisole in elementi ceramici**
6. **Profilo in acciaio L 50×50×50×5 saldato al telaio in acciaio del pannello del frangisole**
7. **Profilo aggiuntivo in acciaio Ω 120×200×70×5 con asole per aggiustare la posizione dei bulloni**
8. **Passerella in grigliato metallico per la manutenzione**
9. **Neoprene**
10. **Profili in acciaio L 65×20×60×5 + L 30×15×50×5 saldati al telaio in acciaio del pannello del frangisole**
11. **Profilo in acciaio U 83×80×8**
12. **Profilo in acciaio L 440×100×80**
13. **Piatto aggiuntivo in acciaio 432×92×8 saldato al profilo a L**

C
Typical vertical section of the façade The profiles used for mounting the panels make it possible to conceal the edges of the steel walkways

1. Steel profile L 70×50×8
2. M10
3. Steel profile L 50×35×60×5 welded to the steel frame of the brise-soleil panel, with eyelets for adjusting the bolt positions
4. M12/30 cm
5. Brise-soleil in ceramic elements
6. Steel profile L 50×50×50×5 welded to the steel frame of the brise-soleil panel
7. Additional steel profile Ω 120×200×70×5 with eyelets for adjusting the bolt positions
8. Steel grid walkway for maintenance
9. Neoprene
10. Steel profile L 65×20×60×5 + L 30×15×50×5 welded to the steel frame of the brise-soleil panel
11. Steel profile U 83×80×8
12. Steel profile L 440×100×80×8
13. Additional plate 432×92×8 welded to the L profile

D
Dettaglio di ancoraggio del coronamento del prospetto ovest

D
Anchor detail along the cornice of the west elevation

C

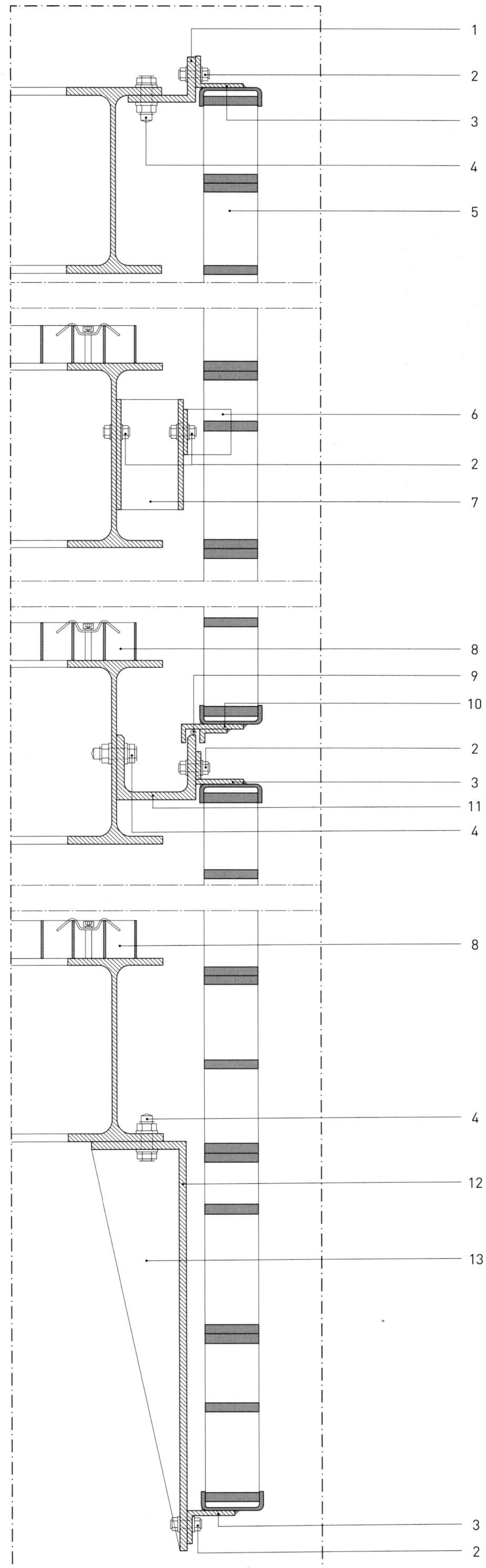

D

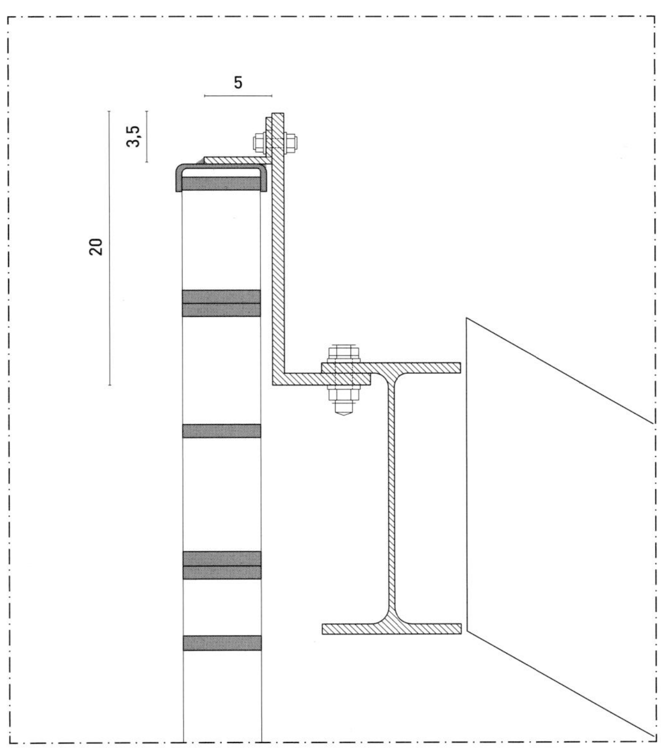

0 10 20 50 cm

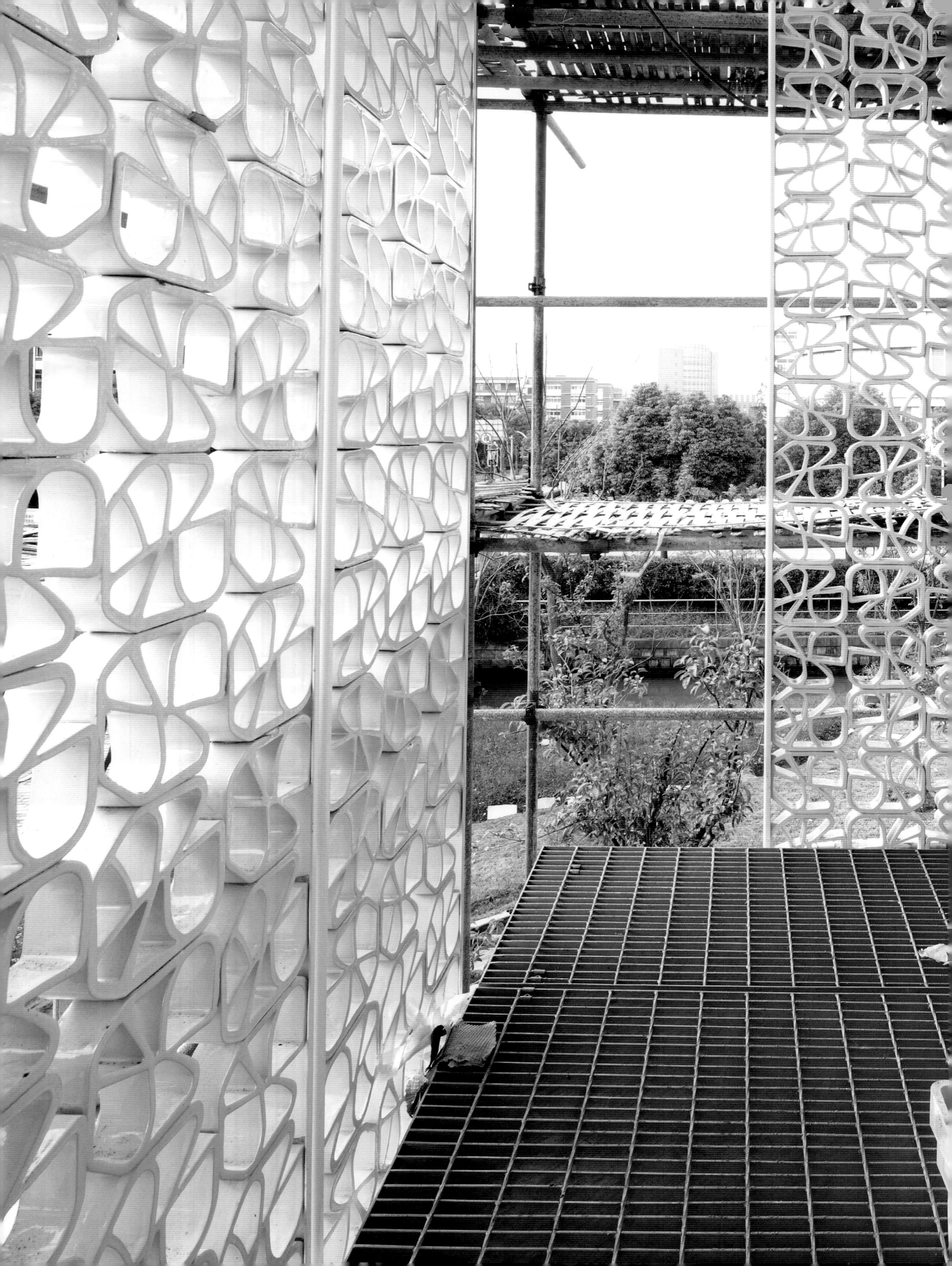

In queste pagine e nelle successive
Fasi di montaggio del brise-soleil. Ciascun elemento ha sul proprio perimetro parti non smaltate destinate all'incollaggio, non visibili
On these and subsequent pages
Mounting phases of the brise-soleil. Each ceramic element has unglazed, non-visible parts along the perimeter for the adhesive

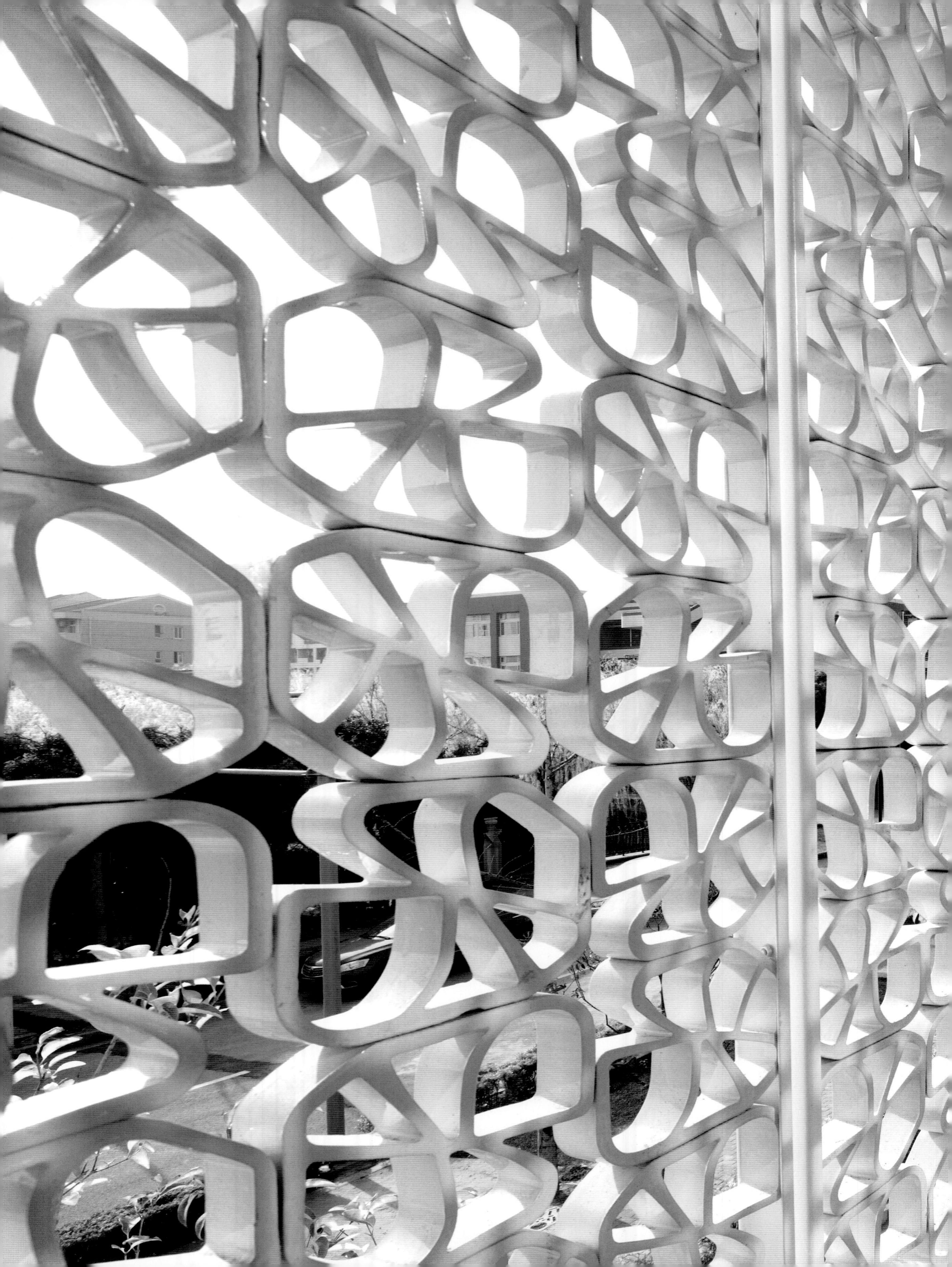

In queste pagine e nelle successive
Fasi di montaggio del brise-soleil. Dopo aver installato tutti i telai di acciaio, le formelle sono state montate per filari orizzonatli successivi su ciascuna facciata
On these and subsequent pages
Mounting phases of the brise-soleil. After installing all the steel frames, the ceramic elements were mounted in successive horizontal rows on each façade

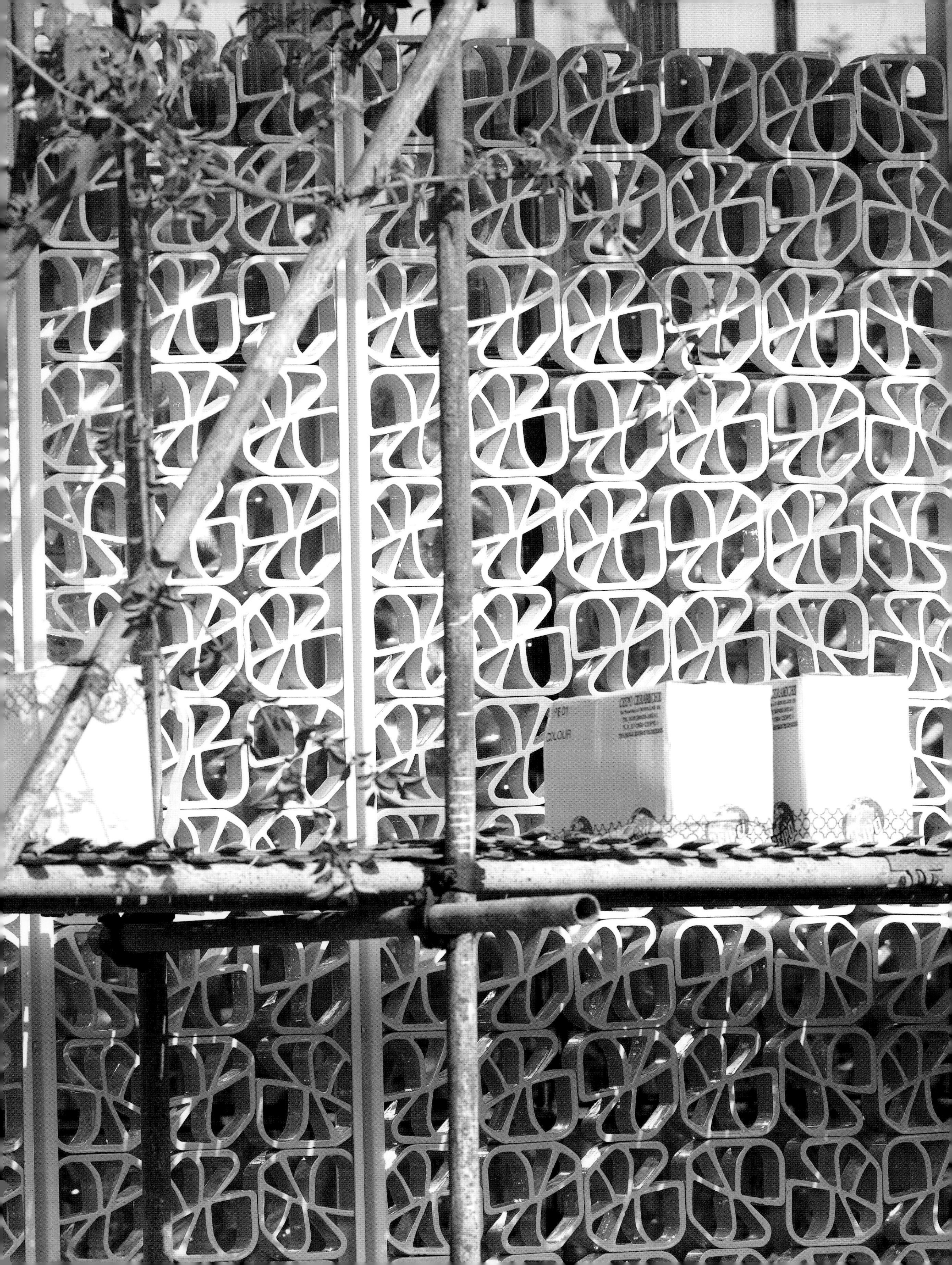
PE 01
COLOUR

Design strutturale

Favero & Milan

The structural design

Favero & Milan

La struttura funzionale e il concept architettonico hanno suggerito di adottare uno schema strutturale semplice ed efficace in grado di permettere una certa flessibilità nel caso in cui l'edificio debba nel tempo variare la sua destinazione d'uso. Le strutture in elevazione sono in acciaio, un materiale di uso comune a Shanghai, completamente riciclabile e adatto ai processi di costruzione rapidi. L'acciaio, usato anche per la sua leggerezza e duttilità, si dimostra estremamente efficiente nel reagire alle sollecitazioni sismiche rispetto ad una struttura pesante e poco deformabile come quella in calcestruzzo.

La struttura adottata è composta da un'ossatura in acciaio reticolare, di cui i principali elementi sono:
- lamiere di acciaio corrugato a lastra completate con getto di calcestruzzo per il primo piano;
- profili in acciaio temprato per le travi del secondo e terzo piano e del tetto;
- tubi in acciaio per i pilastri dal primo piano alla copertura;
- lastre in calcestruzzo per le fondazioni in cemento armato.

La struttura in acciaio
Lo schema strutturale consta di una ossatura tridimensionale multipiano collegata a ciascun livello da un rigido scheletro strutturale, che agisce in modo da distribuire le forze orizzontali, dovute ad un eventuale sisma, in egual misura ai pilastri, alle travi e alle lastre di fondazione.

La struttura del tetto del terzo piano è stata progettata con una specifica inclinazione rivolta a sud in modo da poter accogliere collettori solari e pannelli fotovoltaici ottimizzando il rendimento termico dell'edificio stesso.

Strutture di supporto della facciata
La parete di rivestimento poggia su una sequenza di travi a sbalzo dal corpo dell'edificio.

L'involucro esterno gioca un ruolo chiave nelle strategie ambientali, in quanto è stato progettato in modo da massimizzare il risparmio energetico ed è composto da due diversi strati:
- un muro non portante interno composto da pannelli termoisolanti in alluminio su cui sono state ritagliate

The functional layout and architectural concept prompted the adoption of a simple, effective structural scheme that could allow a certain amount of flexibility in the future use of the building. All vertical structures are in steel, a common material in Shanghai, fully recyclable and suited to rapid construction processes. Also chosen because it is lightweight and flexible, steel reacts more efficiently to seismic stresses than a heavy, inflexible concrete structure.

The structure consists of a steel frame, whose primary components are:
- composite slabs in corrugated steel decking and reinforced concrete for level +1 (ground floor);
- hardened steel sections for the beams at levels +2, +3, and the roof level;
- tubular steel sections for the columns from level +1 to the roof level;
- concrete slabs for the reinforced concrete foundation.

Steel structure
The structural system consists of a three-dimensional multilevel frame, continuously connected at every floor by a rigid structural shell which serves to distribute horizontal seismic forces equally to the columns, the beams, and the foundation slabs.

The roof structure at level 3 was designed with a south-facing slope at a precise angle to maximise the energy production of the photovoltaic panels and solar collectors, so as to optimise the thermal performance of the building.

Support structure of the outer façade skin
The outer cladding skin is mounted onto steel walkways supported by a series of beams projecting from the building.

The building's double-skin façade system plays a key role in its environmental strategies. Designed to maximise energy savings, the façade is composed of two different layers:
- an internal curtain wall composed of thermal insulated aluminium infill panels and high-performance double-glazed panels;
- an external skin composed of brise-soleil components in white glazed ceramic elements supported by operable ferrules. The brise-soleils are designed

La struttura adottata è composta da un'ossatura tridimensionale in acciaio reticolare, che permette di distribuire le forze orizzontali sismiche in egual misura su pilastri, travi e lastre di fondazione
The structural system consists of a three-dimensional steel framework that will distribute horizontal seismic loads equally onto the columns, beams, and foundation slabs

Struttura in acciaio del piano terra e del primo livello del corridoio di manutenzione
Steel structure at the ground floor and the first-floor maintenance walkway

finestre con doppi vetri ad alta funzionalità termica;
- un rivestimento esterno costituito da elementi frangisole in ceramica smaltata di colore bianco sorretti da ghiere apribili. I frangisole sono progettati in modo da proteggere dalla luce diretta del sole in estate e da permettere alla luce naturale di penetrare negli spazi interni d'inverno.

Per quel che riguarda i parametri tecnici adottati, essi seguono gli standard di legge cinesi e sono:
- pressione di base del vento: Wo=0,55KN/m^2
- categoria di ruvidità del suolo: classe B
- pressione di base del manto nevoso: 0,20KN/m^2
- intensità di resistenza sismica del suolo: livello 7
- classe di protezione sismica: classe C
- accelerazione del movimento del suolo nei terremoti di base: 0,2g
- gruppo di progettazione del terremoto: 1°
- categoria dei siti pianificati per la costruzione: classe IV
- condizione geologica applicata all'ingegneria: secondo le informazioni fornite da SJTU
- profondità dello strato d'acqua sotterranea: -0,5/-1,5 m
- livello di resistenza al fuoco: 3°

La struttura nel suo complesso, sempre per gli standard cinesi, è considerata in termini di categoria di sicurezza di II livello, tale da garantire all'edificio almeno 50 anni di vita; la resistenza sismica dell'edificio viene considerata in classe C.

to protect from direct sunlight in the summer and allow sunlight to enter the interiors in the winter.

The following basic design parameters were adopted in accordance with the applicable Chinese building codes:
- Basic wind loads: Wo=0.55KN/sq m
- Surface roughness category: class B
- Basic roof snow loads: 0.20KN/sq m
- Seismic Intensity Level: Intensity 7
- Seismic Protection Class: Class C
- Basic acceleration of ground motion during an earthquake: 0.2g
- Earthquake design group: 1st
- Site Class: Class IV
- Geological conditions applied to engineering: according to information provided by SJTU
- Groundwater depth: -0.5/-1.5 m
- Fire-resistance rating: 3rd

In accordance with the applicable Chinese building codes, the building structure is Level II in the safety category, ensuring the building a lifespan of at least 50 years; its Seismic Protection Class is Class C.

Tecnologie di risparmio energetico

Favero & Milan

Il Green Energy Laboratory sarà l'edificio dove la Jiao Tong University potrà sviluppare e testare una serie di tecnologie per il risparmio energetico in ambito residenziale. È stato dotato delle tecnologie più avanzate per il riscaldamento e il raffrescamento degli ambienti in modo da raggiungere i più alti livelli di comfort, il tutto riducendo il consumo energetico al minimo. La struttura del tetto inclinata ospita pannelli fotovoltaici per la produzione di energia elettrica e diversi collettori solari per la produzione di acqua calda sanitaria e di riscaldamento. Lo spazio sottostante è usato per l'ubicazione di diversi tipi di chiller e AHU (Air Heating Units) [apparecchiature per il riscaldamento dell'aria].

Altre apparecchiature, quali una pompa di calore che usa come sorgente termica l'acqua, una pompa di calore che usa come sorgente termica il suolo e un cogeneratore di energia elettrica e termica (CHP Combined Heat and Power) sono stati installati in un vano tecnico esterno. Alcune di queste apparecchiature vengono usate per il raffreddamento e il riscaldamento di laboratori, uffici e spazi comuni. Altre vengono usate in modo da essere testate negli appartamenti del terzo piano e in laboratori specifici.

Tutte queste tecnologie per il risparmio energetico contribuiscono a raggiungere il livello "Oro" della certificazione LEED.

Tecnologie di riscaldamento

Collettori solari a tubi evacuati con riflettori CPC
Il collettore solare è dotato di riflettori CPC (Compound Parabolic Concentrator) [concentratori parabolici composti]: l'assorbitore raccoglie calore dalla radiazione solare diretta e da parte della diffusione dell'irraggiamento. Il calore raccolto sarà trasferito nel tubo a forma di U che si trova all'interno del tubo di vetro; a questo punto il meccanismo di trasmissione del calore nel tubo verrà trattato per portarlo a temperatura ambiente.
Collettori solari a tubi di calore
Il tubo di calore è usato come assorbitore del collettore solare; l'efficacia sarà maggiore per via della superiorità dello scambiatore di calore.
Collettori solari aerotermici
L'aria viene riscaldata direttamente dal collettore

The energy-saving technologies

Favero & Milan

The Green Energy Laboratory is the building where Jiao Tong University will develop and test numerous energy-saving technologies for housing. It has been equipped with state-of-the-art technologies for interior heating and cooling in order to achieve optimal comfort levels while minimising energy consumption. The pitched roof structure holds photovoltaic panels for producing electricity and solar collectors for producing domestic hot water and heating. The space under the roof structure holds several types of chillers and AHU (Air Heating Units).

Other equipment, including a water source heat pump, a ground source heat pump, and a CHP (Combined Heat and Power) generator, was installed in an external technical room. Some of this equipment is used for cooling and heating the laboratories, offices, and common spaces. Others are used for testing in the apartments on the third floor and in specific laboratories.

All these energy saving technologies contributed to earning the Gold Level of LEED Certification.

Heating technologies

Evacuated tube solar collector with CPC reflectors
Evacuated tube solar collector with CPC reflectors
The solar collector is equipped with CPC (Compound Parabolic Concentrator) reflectors. Direct radiation and part of the diffusion radiation is collected by the absorbers inside the evacuated glass tubes. The collected heat is transferred to the copper heat pipes inside the glass tubes, then to the heat transfer fluid inside the pipes, and finally to the water flowing through the heat exchanger.
Heat pipe solar collector
The heat pipe is used as the absorber of the solar collector; the efficiency is greater due to the superiority of the heat pipe exchanger.
Solar air collector
The air is heated directly by the solar air collector, without an intermediate heat exchanger.
Linear concentrating solar collector with cavity receivers
This system consists primarily of a trough solar collector, a cavity receiver, an auto-tracking device (stepper motor + gearbox) and support structure.

Per fornire il condizionamento viene adoperato un chiller (refrigeratore) ad assorbimento a due letti che sfrutta l'interazione di silica-gel/acqua
Cooling is provided by a two-bed silica gel-water adsorption chiller

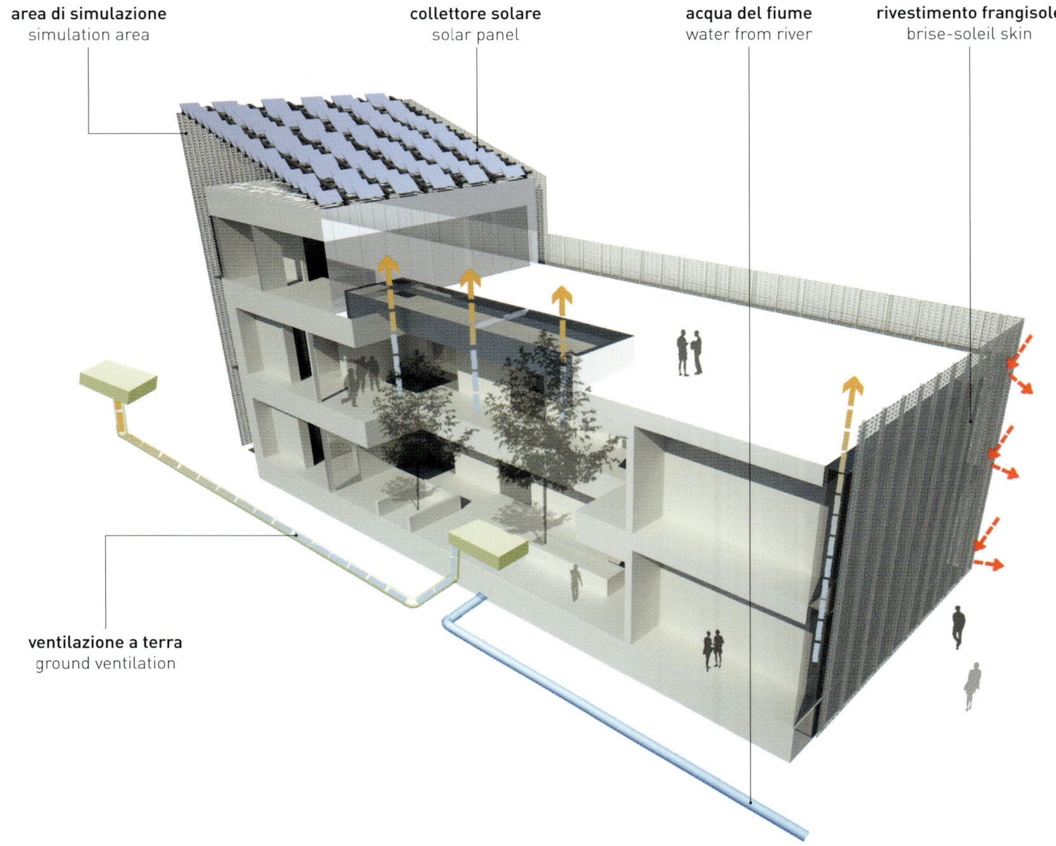

solare ad aria senza scambiatori di calore intermedi.
Collettore solare a concentrazione lineare che usa tubi ricevitori
Consiste principalmente di cavi riflettori solari, tubi assorbitori, congegno di autorilevamento (motore passo-passo + trasmissione) e struttura di sostegno.
Muro solare e tetto solare
In questo caso viene progettata e messa in pratica la costruzione di collettori solari integrati: i pannelli solari vengono usati sia come muri solari che come elementi del tetto. Lo stesso vano meccanico diviene una casa che auto-produce energia.

Tecnologie di raffreddamento e condizionamento solare

Climatizzazione solare ad adsorbimento
Per fornire il condizionamento viene adoperato un chiller (refrigeratore) ad adsorbimento a due letti che sfrutta l'interazione di silica-gel/acqua.

I collettori solari CPC vengono usati per condurre il refrigeratore ad adsorbimento per l'aria condizionata che lavora insieme alla pompa di calore a CO^2 per soddisfare il fabbisogno di riscaldamento, condizionamento e produzione di acqua calda di un appartamento ad energia netta zero.
Condizionamento solare con sistema essiccante
È dotato di un impianto di condizionamento solare alimentato da una ruota essiccante che assorbe la deumidificazione isotermica e il raffreddamento attraverso la rigenerazione del vapore. Questo sistema può tranquillamente provvedere a fornire condotte d'aria e acqua fresca allo stesso tempo.

Tecnologie delle pompe di calore

Sistema delle pompe di calore che usano come sorgente termica l'acqua di superfici ad anello aperto
Il sistema consta di una pompa di calore acqua/acqua, idrotrattamento, pompe, scambiatore a piastre piane e ventilconvettore. Nella modalità di raffreddamento, viene pompata acqua dal fondo del fiume attraverso la pompa a immersione che scorre nello scambiatore del piatto dopo essere stata filtrata dall'aspiratore di sabbia. Nello scambiatore del piatto, l'acqua che

Solar curtain wall and solar roof
Integrated solar collectors were specially designed and implemented. The solar collector panels are used as both curtain wall and roof components, so that the mechanical room itself becomes an energy-producing building.

Solar Cooling and Air Conditioning Technologies

Solar adsorption cooling
Cooling is provided by a solar-powered, double-bed silica gel-water adsorption chiller.

CPC solar collectors are used to power the air-cooled adsorption chiller, which works in combination with the CO^2 heat pump to meet the demand for heating, cooling, and hot water production for a net-zero energy apartment.
Solar desiccant cooling
A solar powered rotary desiccant cooling unit incorporating isothermal dehumidification and regenerative evaporative cooling is provided. This system can easily provide a supply of air and chilled water at the same time.

Heat Pump Technologies

Open loop, surface water-source heat pump system
The system consists of a water-to-water heat pump unit, water filtration system, pumps, flat-plate exchanger, and fan coil unit.

In cooling mode, water from the bottom of the river is pumped by the submersible pump and flows into the flat-plate exchanger after filtering to remove sand. In the plate exchanger, circulating water cooled by the river water flows to cool the condenser. Chilled water flows to the water segregator and is then distributed to each of the rooms. In heating mode, circulating water is heated by the river water and flows to heat the evaporator. Hot water flows to the water segregator and is then distributed to each of the rooms.
Ground-coupled heat pump system
The system makes use of boreholes on the lawn to the east of GEL. There are nine boreholes, which are divided into three parts: three 80-metre-deep boreholes in the first part, three 60-metre-deep boreholes in the second part, and three 50-metre-deep boreholes in the

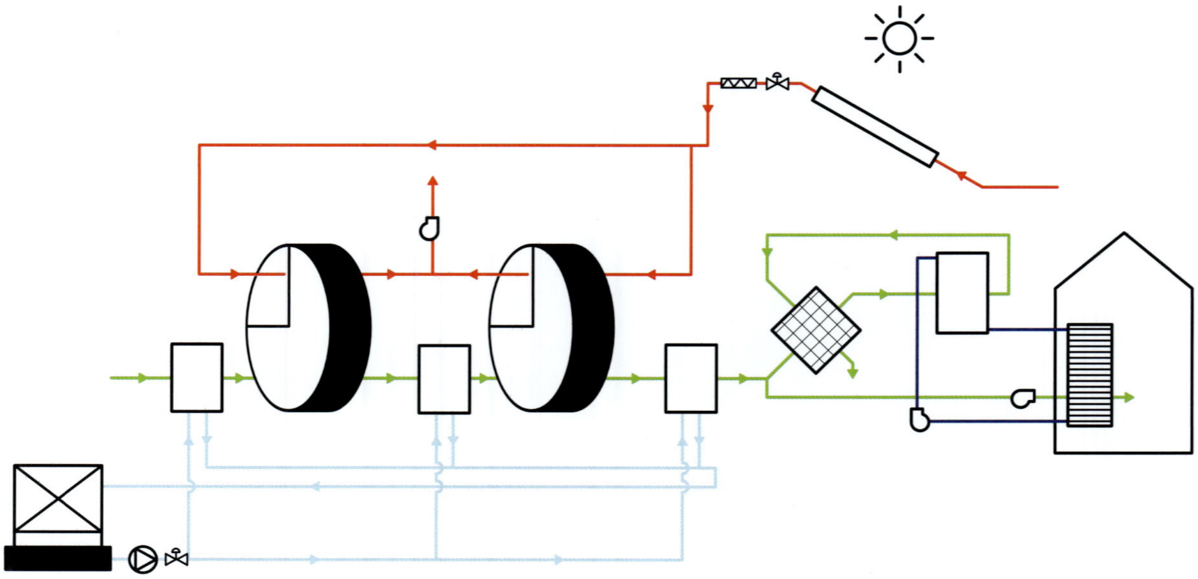

Sistema delle tecnologie impiegate per il riscaldamento, il raffreddamento e la produzione di energia
Overview of the technologies used for heating, cooling, and energy production

scorre raffreddata dall'acqua del fiume, fluisce per raffreddare il condensatore. L'acqua raffreddata scorre fino al separatore idraulico e viene poi assegnata a ognuno degli spazi. Nella modalità di riscaldamento, l'acqua che circola viene riscaldata dall'acqua del fiume e fluisce fino a riscaldare l'evaporatore. L'acqua calda scorre fino al separatore idraulico per poi essere assegnata a ciascuno spazio.

Sistema di pompe di calore a doppio stadio

L'impianto si avvale di pozzi trivellati installati nel prato ad est del GEL. Sono stati utilizzati nove pozzi posizionati in tre differenti parti: tre di loro, profondi 80 metri, si trovano nella prima parte, altri tre, di 60 metri di profondità, nella seconda ed infine ulteriori tre, profondi 50 metri, nella terza. La scelta di tre distinte zone per la localizzazione dei pozzi trivellati è dovuta alla necessità di testare la loro capacità di trasmissione di calore a diversa profondità e di adattare ai diversi carichi la quantità di pozzi attivi all'aperto. Ciò permette di sfruttare completamente la capacità di trasmissione del calore di ciascun pozzo e di migliorare la temperatura attorno ad esso. Inoltre, è stato scavato un pozzo trivellato profondo 80 metri per monitorare il variare dell'influenza della temperatura del suolo.

Pompa di calore a CO^2

La pompa di calore CO^2 di tipo convenzionale viene abbinata ad un refrigeratore ad assorbimento solare alimentato da energia termica. In questo insolito sistema, il chiller ad assorbimento viene usato per super-raffreddare il fluido refrigerante CO^2 tramite il frigorifero a gas del ciclo refrigerante transcritico a compressione, che può migliorare la qualità di raffreddamento in estate. Per quanto riguarda la modalità di raffreddamento, se la temperatura dell'acqua della cisterna è abbastanza elevata, il chiller ad assorbimento agisce in modo da aiutare il raffreddamento della pompa di calore a CO^2; se non lo fa invece la pompa di calore funzionerà da sola. L'acqua raffreddata viene pompata nell'appartamento per equilibrare il carico del condizionamento. Per la modalità di riscaldamento, l'assorbimento non è programmato per funzionare e la pompa di calore a CO^2 opererà in modo autonomo per soddisfare il fabbisogno di riscaldamento dello spazio e dell'acqua domestica.

third part. We divided the nine boreholes into three parts in order to test the heat-transfer capacity of the boreholes at different depths, and to adjust the number of active boreholes according to the different loads, so as to make full use of the heat-transfer capacity of each borehole while improving the temperature around them. An additional 80-metre-deep borehole was dug to monitor the influence of changes in soil temperature.

CO^2 heat pump

This CO^2 heat pump is a combination of a solar thermal driven absorption chiller and a conventional CO^2 heat pump. In this novel system, the absorption chiller is used to super-cool the CO^2 refrigerant by means of the gas cooler of the transcritical CO^2 compression refrigeration cycle, which can improve the cooling performance in summer. For cooling mode, if the water temperature of the storage water tank is high enough, the absorption chiller works to assist the cooling of the CO^2 heat pump; otherwise, the CO^2 heat pump will operate alone. The chilled water is pumped into the apartment to balance the cooling load. For heating mode, the absorption is not set to operate, and the CO^2 heat pump will operate alone to meet the needs for space heating and domestic hot water.

Smart Grid and CCHP Technologies

Smart energy micro-grid system based on micro-CCHP (Combined Cooling, Heating and Power)

This system consists of a TEMA 30/50 independent energy system, a lithium bromide absorption unit, and a PV and wind power system. For electricity, power can be supplied to GEL through the combination of TEMA, the municipal power grid, and the PV and wind power systems. For heating, both the hot water and exhaust gas made by the TEMA system can be used to power the lithium bromide absorption unit.

Photovoltaic power generation systems

Solar photovoltaic power generation is based on the principle of the photovoltaic effect, which changes sunlight energy directly into electrical energy by means of photovoltaic (PV) panels. Rather than mechanical components, the photovoltaic system consists mainly of PV panels, a controller, and an inverter, all of which are electronic components. The photovoltaic power

I pannelli fotovoltaici montati sulla parte inclinata della copertura
Photovoltaic panels mounted on the sloped part of the roof

交通大學
南二门
700

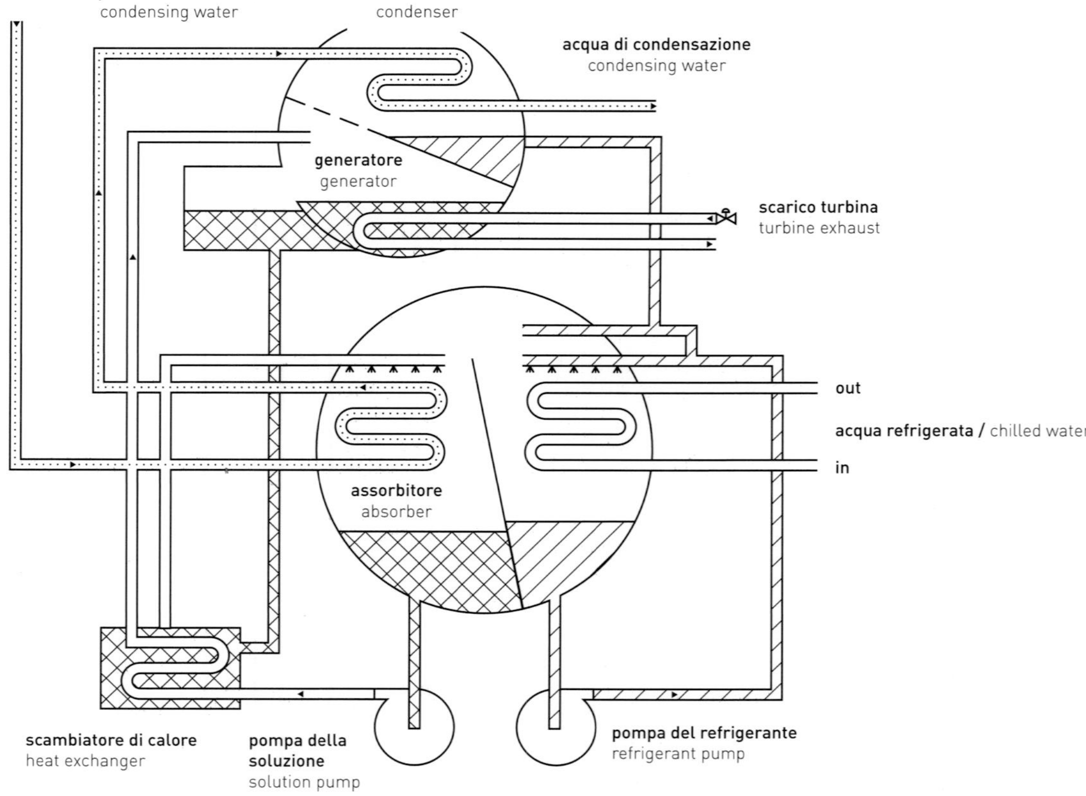

Schema del sistema delle pompe di calore
Diagram of the heat pump system

Reti elettriche intelligenti e tecnologie CCHP

Il sistema di micro reti elettriche intelligenti basato sul CCHP (Combined Cooling, Heating and Power) [raffreddamento combinato energia elettrica e termica]
L'impianto è composto da un sistema energetico indipendente TEMA 30/50, da un impianto ad assorbimento al bromuro di litio, dal sistema fotovoltaico ed eolico. L'energia può essere fornita al GEL attraverso la combinazione di TEMA, rete elettrica, sistema fotovoltaico ed eolico. Per ciò che riguarda la questione termica, sia la camera dell'acqua calda che il gas di scarico prodotti da TEMA possono essere impiegati per azionare l'impianto di assorbimento al bromuro di litio.
Sistemi per la generazione di energia fotovoltaica
La generazione di elettricità solare fotovoltaica è basata sul principio dell'effetto fotovoltaico che può trasformare l'energia della luce solare direttamente in energia elettrica usando i pannelli solari. Il sistema fotovoltaico include pannelli solari, regolatori e trasformatori, in tutti e tre i casi si tratta di componenti elettronici. È importante osservare che l'attrezzatura utilizzata per la produzione di energia fotovoltaica è estremamente raffinata, affidabile e di lunga vita.
Impianti per l'energia eolica
L'energia eolica si avvale del principio della trasformazione dell'energia cinetica del vento in energia elettrica. Il vento può far scorrere le pale dei mulini a vento facendole roteare; la velocità di roteazione viene supportata tramite un moltiplicatore di velocità per indurre il motore a generare elettricità. Conformemente alle tecnologie attuali, l'energia eolica entra in funzione quando la velocità del vento raggiunge i 3m/s (misura dell'intensità del vento).

Appartamenti dimostrativi

Appartamento dimostrativo a energia netta zero basato sul sistema di energia ecologica
L'obiettivo dell'appartamento a energia netta zero viene raggiunto tramite l'uso congiunto di tecnologie che sfruttano l'energia solare termica e fotovoltaica. La sorgente termica di questo sistema si compone di due parti che includono i collettori solari ad anello e

generation equipment is extremely sophisticated, reliable, and has a long service life.
Wind power system
Wind power uses the principle of changing the kinetic energy of wind into electrical energy. Wind drives windmill blades by making them rotate; their rotation speed is boosted through a speed multiplier to prompt the motor to generate electricity. With current technology, wind power starts working when the wind speed reaches 3m/s.

Demonstration Apartments

Net-zero energy apartment based on an ecological energy system
The objective of the "net-zero energy apartment" is achieved through the joint usage of photovoltaic and solar thermal technologies. The thermal source of this energy system is composed of two parts, including the solar collector loop and the CO^2 hybrid heat pump; the indoor air conditioning devices contain the floor heating pipes and the fan coil units; the electric consumption of all the devices in the apartment is balanced by the photovoltaic systems, of which the rated power generation is 6.72 kW; in addition, a total heat recovery unit is installed to improve the indoor air quality.
Smart Apartment – Home Energy Management System (HEMS)
The Smart Apartment is located on the top floor of GEL; the HEMS can be regarded as a subsystem of the GEL Energy Management System. The apartment is equipped with Panasonic equipment including VRF (Variable-Volume Refrigeration), heat recovery ventilator, air source heat pump, and HEMS. The equipment can be controlled by means of WiFi remote controls.

Project management

The Green Energy Laboratory is a perfect example of cooperation between China and Italy. The Chinese and Italian Design and Project Management teams closely cooperated in the design of the building, the development of tenders, drawing up of contracts, planning, and site supervision.

The main services provided by the Chinese and Italian Design and Project Management teams included:

Schema di utilizzo dell'energia solare per il raffrescamento dell'edificio
Diagram of the use of solar energy for cooling the building

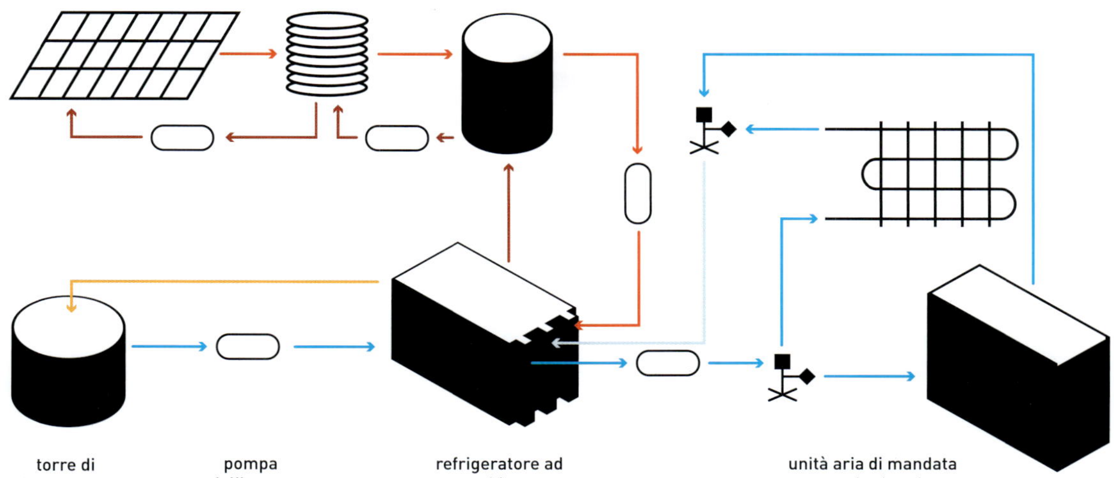

la pompa di calore a CO^2 ibrida. I dispositivi per l'aria condizionata interna contengono i conduttori del riscaldamento da terra e i ventilconvettori. Il consumo di elettricità di tutti gli apparecchi dell'appartamento viene bilanciato dai sistemi fotovoltaici, il cui carico massimo di generazione energetica è pari a 6,72kW; inoltre, è stato installato anche un impianto di recupero totale del calore per migliorare la qualità interna dell'aria.

Appartamento intelligente – Sistema di gestione dell'energia domestica

L'appartamento intelligente è collocato al terzo piano del GEL. Il sistema di gestione dell'energia domestica HEMS (Home Energy Management System) può essere visto come un sotto sistema del sistema di gestione energetico del GEL. L'appartamento è dotato di forniture Panasonic, VRV (Volume di Refrigerante Variabile), ventilazione con recupero di calore, pompa di calore a sorgente d'aria e HEMS. Grazie alla rete WiFi è possibile controllare l'attrezzatura da remoto tramite dei dispositivi di comando.

Direzione dei lavori

Il Green Energy Laboratory è un perfetto esempio di cooperazione tra Cina e Italia. I team di gestione della progettazione e del design hanno collaborato a stretto contatto al progetto dell'edificio, allo sviluppo dei concorsi, alla stesura dei contratti, alla progettazione e alla supervisione del cantiere.

I principali servizi forniti dai team di gestione del design e della progettazione italiani e cinesi hanno riguardato:

- coordinazione dell'ottimizzazione della progettazione;
- organizzazione e gestione dei concorsi e dei contratti;
- gestione e controllo della pianificazione della progettazione;
- gestione e controllo della qualità;
- gestione e controllo dei costi di edificazione;
- gestione delle informazioni.

- Coordination of design optimisation
- Organisation and management of tendering and contracting
- Management and control of project scheduling
- Management and control of quality
- Management and control of building costs
- Information management.

Diario di cantiere

Worksite journal

1.
23/11/2010

2.
23/11/2010

5.
26/08/2011

6.
26/08/2011

9.
11/10/2011

10.
18/10/2011

3.
24/01/2011

4.
11/08/2011

7.
09/09/2011

8.
09/09/2011

11.
18/10/2011

1.
Montaggio struttura copertura inclinata per pannelli fotovoltaici
Construction of the sloped roof for the photovoltaic panels

2.
Montaggio chiusure verticali in alluminio e vetro dell'involucro più interno
Installation of the aluminium and glass curtain wall for the inner skin of the façade

3.
Solaio esterno in grigliata metallico per fissaggio involucro esterno
Exterior floor in steel grating, to which the outer building envelope is fixed

4.
Rivestimento in mattoni dei divisori interni verso la corte centrale
Brick facing of the interior walls facing the central courtyard

5.
Vista interna di un'aula al primo piano con operai a riposo
Interior view of a classroom on the first floor, with workers resting

6.
Vista del ballatoio del primo piano. Le porte di accesso agli ambienti sono intervallate da setti rivestiti in mattone
View of the balcony on the first floor. The doors to the rooms are alternated by wall sections with brick facing

7. - 8.
Viste sulla corte centrale. I ponteggi sono realizzati con tubi innocenti e cannicci di bambù
View of the central courtyard. The scaffolding is made with steel tubing and bamboo poles

9.
Montaggio dei parapetti in acciaio dei ballatoi
Installation of the steel parapets along the balconies

10.
Completamento delle chiusure verticali in acciaio e vetro e delle passerelle metalliche perimetrali per successivo fissaggio del brise-soleil
Completion of the curtain wall in aluminium and glass and of the steel walkways, ready for installation of the brise-soleil

11.
Profili in acciaio per realizzare i controsoffitti delle aree di distribuzione intorno alla corte nei piani terra e primo
Steel profiles for creating the false ceilings in the distribution areas around the courtyard at the ground floor and first floor

12.
25/10/2011

13.
08/11/2011

16.
21/01/2012

17.
21/01/2012

20.
23/02/2012

21.
24/02/2012

14.
08/11/2011

15.
3/12/2011

18.
14/02/2012

19.
23/02/2012

22.
24/02/2012

12.
Verniciatura dei parapetti e dei rivestimenti in mattoni
Painting the parapets and the brick wall finishes

13.
Installazione del sistema di piatti in acciaio pendinati per i controsoffitti intorno la corte centrale
Installation of the hanging system in steel plate for the false ceilings around the central courtyard

14.
Vista della corte. Sistema continuo dei piatti in acciaio che formano i parapetti e i controsoffitti
View of the courtyard. System of continuous elements in steel plate to form the parapets and false ceilings

15.
I telai in acciaio sono prodotti e assemblati in officina secondo l'abaco di progetto
The steel façade frames were produced and assembled in the workshop according to the project schedule

16.
Fissaggio dei primi telai del brise-soleil alle passerelle metalliche esterne
Mounting the first frames of the brise-soleil to the exterior steel walkways

17.
Stoccaggio in cantiere dei telai ordinati per tipologie e dimensioni
On-site storage of the brise-soleil frames by type and size

18.
Particolare dei profili a "L" saldati sui lati corti dei telai per il loro fissaggio alla trave di bordo delle passerelle metalliche esterne
Detail of the L-sections welded to the top and bottom of the frames for fastening them to the beams along the exterior steel walkways

19. - 20.
Prove di montaggio delle formelle in cotto all'interno dei telai
Installing the first ceramic elements in the frames

21. - 22.
Montaggio delle formelle in cotto all'interno dei telai installati sul prospetto est
Installing the ceramic elements in the frames mounted on the east elevation

23.
25/02/2012

24.
25/02/2012

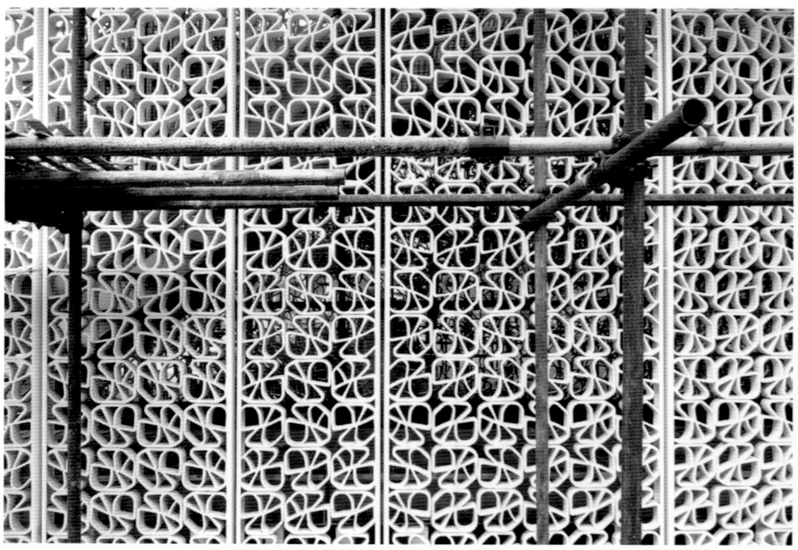

27.
02/03/2012

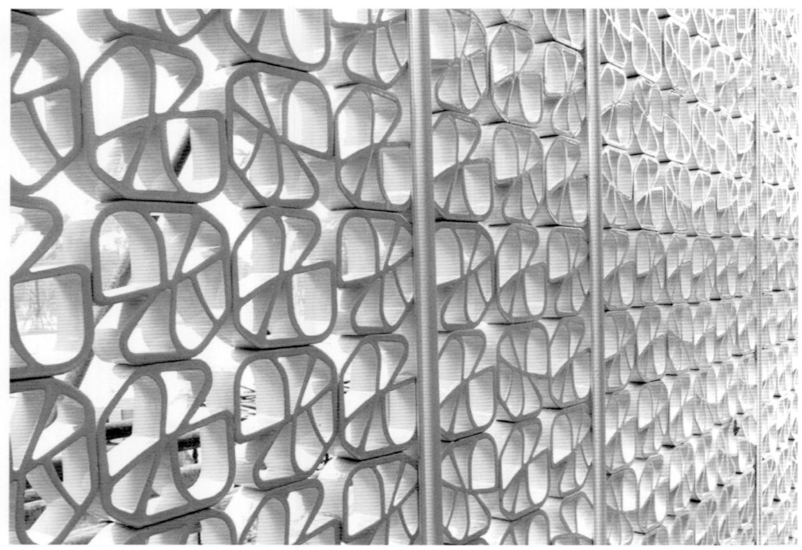

28.
02/03/2012

31.
16/03/2012

32.
22/03/2012

25.
02/03/2012

26.
02/03/2012

29.
02/03/2012

30.
16/03/2012

33.
22/03/2012

23.
Verniciatura degli ultimi telai in cantiere
Painting the last frames on-site

24.
Montaggio delle staffe di ancoraggio lungo la trave di bordo della passerella metallica esterna del piano terra
Mounting the anchor brackets along the edge beam of the exterior steel walkway at the ground floor

25. - 26.
Montaggio delle formelle all'interno dei telai installati
Installing the ceramic elements in the mounted frames

27. - 28. - 29.
Completamento del brise-soleil in corrispondenza del piano terra. In questa parte, è utilizzato il formato più piccolo di formella per rendere la trama complessiva più fitta
Completion of the brise-soleil at the ground floor. In this part, the smaller version of the ceramic element was used, to make the overall pattern tighter

30.
Lungo la trave di bordo delle passerelle sono fissati dei profili in acciaio con delle asole ai quali vengono imbullonati i pannelli. Le asole dei profili hanno tolleranze adeguate per consentire di registrare i pannelli in fase di montaggio e garantirne il corretto allineamento
The panels are bolted to the edge beam along the exterior steel walkway by means of steel profiles with eyelets. Tolerances in the eyelets permitted adjusting the position of the panels during the assembly phase to ensure correct alignment

31.
Montaggio brise-soleil al primo piano
Installation of the brise-soleil at the first floor

32. - 33.
Installazione delle formelle in cotto nei telai montati "a bandiera"
Installation of the ceramic elements in the frames mounted in the banner configuration

34.
22/03/2012

35.
23/03/2012

38.
23/03/2012

39
23/03/2012

42.
26/03/2012

43.
26/03/2012

36.
23/03/2012

37.
23/03/2012

40.
26/03/2012

41.
26/03/2012

44.
26/03/2012

34. - 35. - 36.
La larghezza dei pannelli "a bandiera" consente l'installazione di ricorsi orizzontali di formelle di medio formato
The width of the panels in the banner permitted the horizontal installation of medium-size ceramic elements

37.
La successione dei pannelli montati "a bandiera" varia l'effetto del brise-soleil sulla facciata interrompendo la continuità della trama
The series of panels in the banner configuration varies the visual effect of the brise-soleil by interrupting the continuous pattern

38.
Le formelle del brise-soleil sono installate per ricorsi orizzontali successivi per garantire, come in un paramento in mattoni, l'allineamento dei filari
The ceramic elements of the brise-soleil were installed in successive horizontal rows to ensure perfect horizontal alignment

39.
Pannelli installati "a bandiera" sul prospetto ovest
Panels installed in the banner configuration on the west elevation

40.
Particolare dei telai in acciaio
Detail of the steel frame

41.
Le passerelle in grigliato metallico tra il brise-soleil e le chiusure verticali in alluminio e vetro permettono di mantenere distanziati i due involucri dell'edificio. Le passerelle sono impegate per la manutenzione della facciata
The exterior walkway in steel grating between the brise-soleil and the aluminium and glass inner façade creates a distance between the two skins. The walkways are used for maintenance of the façade

42.
I telai del brise-soleil posti agli angoli delle facciate sono sagomati a 45° per garantire una maggiore continuità del rivestimento. Le formelle sono tagliate in cantiere con una sega circolare ad acqua
The edges of the frames of the brise-soleil panels at the corners of the building are at 45° angle to ensure the effect of a continuous surface. Here, the ceramic elements were cut to fit on-site using a wet tile cutter

43.
Vista d'insieme del prospetto ovest. Gli ordini del brise-soleil impiegano formelle di formato progressivamente maggiore verso l'alto per consentire una graduale rarefazione della trama
Overall view of the west elevation. The successive orders of the brise-soleil panels have gradually larger ceramic elements, so that the pattern becomes more widely spaced as it goes up

44.
La trama mutevole del brise-soleil in cotto proietta ombre variabili sull'involucro interno dell'edificio
The brise-soleil casts constantly changing shadow patterns on the inner façade skin of the building

Crediti di progetto
Project credits

Luogo / Location
Shanghai, China

Programma / Program
Centro di ricerca e laboratorio di analisi e divulgazione di tecnologie a bassa emissione di carbonio nel settore edilizio e residenziale / Research center and laboratory for the analysis and dissemination of low-carbon technologies in the building and residential sector

Costo / Cost
4.000.000 euro

Superficie del lotto / Plot area
4.850 mq / sqm

Superficie coperta / Cover area
900 mq / sqm

Superficie costruita / Built area
1.500 mq / sqm

Cronologia / Chronology
2008 - Progettazione / Design
2012 - Fine lavori / Completion

Committente / Client
Jiao Tong University, Shanghai

Progetto architettonico / Architectural design
Archea Associati
Laura Andreini, Marco Casamonti,
Silvia Fabi, Giovanni Polazzi
Responsabile del progetto / Project manager
Enrico Ancilli
Hanno collaborato / Collaborators
Emiliano Romanazzi, Andrea Destro,
Eugenia Murialdo, Marco Zuttioni

Direttore dei lavori / Director of works
Marco Casamonti
Assistenza alla direzione lavori / Assistance to director of works
Andrea Antonucci, Wang Xinfang

Ingegneria strutturale / Structural engineering
Favero & Milan Ingegneria Srl
Sandro Favero

Ingegneria impiantistica / Services engineering
Impianti TIFS Ingegneria | impianti elettrici

Certificazione / Certification
L.E.E.D. Golden category

Sub contrattori / Sub contractors
Illuminazione esterna e interna / Outdoor and indoor lighting
iGuzzini
Montaggio del rivestimento di facciata in pannelli in terracotta smaltata / Installation of the façade cladding in glazed ceramic panels
CEIPO
Rivestimento di facciata in terracotta smaltata / Façade cladding in glazed ceramic
CEIPO

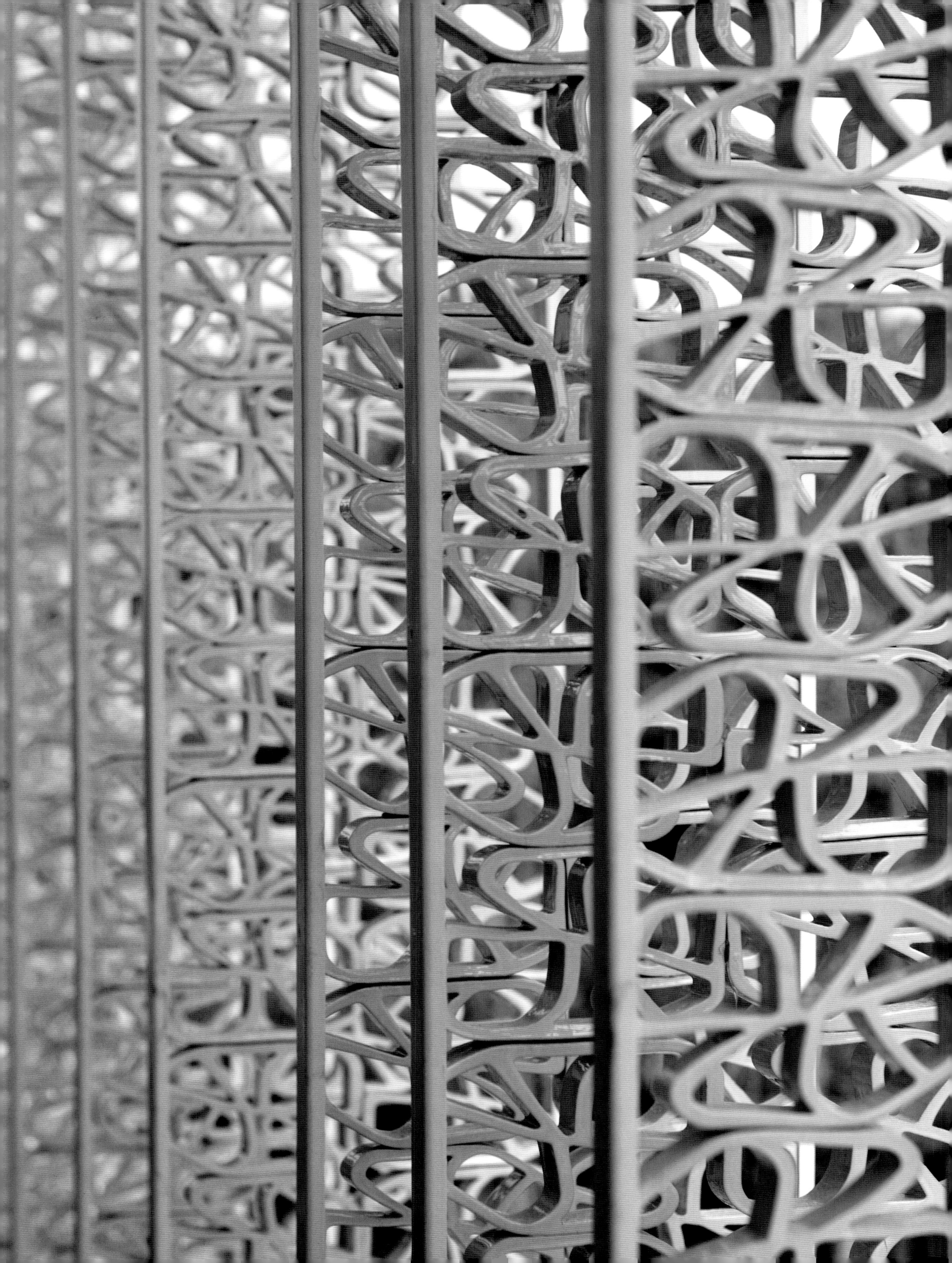

Biografia

Laura Andreini, Marco Casamonti, Giovanni Polazzi, laureati presso la Facoltà di Architettura di Firenze, fondano nel 1988, nella stessa città, Studio Archea. Da quest'esperienza con lo sviluppo dell'attività, nel 2001, nasce Archea Associati con il contributo di Silvia Fabi. Negli anni lo studio ha realizzato numerose opere in ambito internazionale ed aperto laboratori in Cina, Emirati Arabi Uniti, Brasile e in Albania.

All'attività principale legata alla sperimentazione in ambito progettuale e alla realizzazione di architetture a diverse scale di intervento - dall'oggetto, all'edificio, al progetto urbano - si affianca un'integrata attività di ricerca e insegnamento nell'ambito disciplinare della progettazione architettonica all'interno di diverse Facoltà italiane di Architettura. In particolare, Marco Casamonti è Professore Ordinario di Progettazione Architettonica e Urbana presso la Facoltà di Architettura dell'Università di Genova e Laura Andreini è Professore Associato di Progettazione Architettonica e Urbana presso la Facoltà di Architettura di Firenze. Un intenso lavoro di approfondimento e riflessione critica, divulgato attraverso saggi e scritti pubblicati su libri e riviste in Italia e all'estero, l'organizzazione di mostre, eventi, workshop inerenti il progetto accompagnano da sempre l'impegno professionale. Dal 1997, Marco Casamonti è direttore responsabile della rivista internazionale di architettura "Area" - alla quale collabora anche Laura Andreini come vicedirettrice dal 2002 - edita attualmente dal gruppo Tecniche Nuove, Milano. Dal 2006 al 2008 è stato direttore scientifico della Fondazione Annali dell'Architettura e delle Città, Napoli. Laura Andreini dal 2009, ricopre il ruolo di direttore editoriale di Forma, casa editrice specializzata in pubblicazioni dedicate all'arte, all'architettura, al design e alla fotografia.

Lo studio ha realizzato una serie di opere di architettura che, oltre ad essere state pubblicate sulle principali riviste e libri a livello internazionale, sono state selezionate per importanti rassegne e mostre di architettura.

Archea Associati ha partecipato a molti tra i più importanti concorsi e consultazioni nazionali e internazionali di architettura ottenendo numerosi riconoscimenti e premi. Nel 2001 e nel 2002 è finalista nei progetti per le stazioni dell'Alta Velocità di Torino e Firenze. Nel 2003 è chiamato dall'Immobiliare Novoli tra i nove gruppi italiani selezionati per la costruzione di un isolato nelle aree ex-Fiat di Firenze. Nel 2004, con l'architetto Rafael Moneo, lo studio partecipa su invito al Concorso per il nuovo Palazzo del Cinema di Venezia. Nel 2005 vince il Concorso ad inviti per la progettazione della Alban Tower, nell'ambito del masterplan per il nuovo centro di Tirana, Albania. Nel 2005 vince il Concorso Internazionale ad inviti promosso da Pirelli Re e Morgan Stanley per l'ex area Ansaldo di Milano nell'area Grande Bicocca. Nel 2007 si classifica al secondo posto nell'ambito del Concorso per il Parco della Musica e della Cultura di Firenze.

Nel 2011 vince il Concorso Internazionale ad inviti per la progettazione del Parco della Mostra Internazionale dell'Uva di Yanqing a Pechino, Cina, inaugurato nel 2014. Nel 2012 riceve il premio AIT Awards nella categoria produzione industriale per il progetto dello stabilimento Perfetti Van Melle, Lainate (MI) e successivamente nel 2012 per il progetto della cantina Antinori nel Chianti Classico (FI). Nel 2014 ottiene la menzione d'onore del concorso "Central Bank of Libya New Building Limited Architectural Competition" organizzato e promosso da CBL (The Central Bank of Libya). Nel 2015 la cantina Antinori nel Chianti Classico a San Casciano Val di Pesa (FI) si classifica tra i cinque progetti finalisti del Premio Mies van der Rohe della Comunità Europea per l'Architettura contemporanea. Nel 2016 lo studio vince il concorso per la realizzazione del Nuovo Stadio Nazionale dell'Albania inaugurato nel novembre del 2019. Nel 2017 vince il concorso internazionale ad inviti per il progetto del Nuovo Centro Termale Benessere a Ponte di Legno (BS). Nel 2018 è proclamato vincitore del Concorso Internazionale ad inviti per la pianificazione e lo sviluppo della nuova area di espansione urbana Rublyovo-Arkhangelsky a Mosca.

Biography

Laura Andreini, Marco Casamonti, and Giovanni Polazzi, graduates of the School of Architecture of the University of Florence, Italy, founded Studio Archea in the same city in 1988. Their practice grew and developed, and in 2001 Silvia Fabi joined them in creating Archea Associati. Over the years they have brought numerous international works to completion and opened ateliers in China, the United Arab Emirates, Brazil, and Albania.

Alongside their main activities in experimental architecture and in the realization of works on a wide range of scales - from objects to buildings and urban planning - they have also been occupied with research and teaching activities in the field of architectural design at various Italian universities. In particular, Marco Casamonti is Full Professor of Architectural and Urban Design at the Faculty of Architecture of the University of Genoa, while Laura Andreini holds the Chair of Architectural and Urban Design at the School of Architecture of the University of Florence. Their professional practice has always been accompanied by in-depth studies and critical reflection, disseminated by means of essays and other writings in books and magazines in Italy and abroad, and the organization of exhibitions, events, and workshops in the realm of architectural design. Since 1997, Marco Casamonti has been the editor of the international architectural magazine *Area*, with Laura Andreini as deputy editor since 2002. It is currently published by the group Tecniche Nuove, in Milan. From 2006 to 2008, Casamonti was scientific editor of Fondazione Annali dell'Architettura e delle Città, in Naples. Since 2009, Laura Andreini has been the editor of Forma, a publisher specialized in art, architecture, design, and photography.

The firm has created a series of works that have been published in books and the principal international magazines, and selected for important architectural exhibitions.

Archea Associati has participated in many of the most important national and international architectural competitions and consultations, obtaining numerous awards and prizes. Their projects for the Turin and Florence high-speed rail stations were shortlisted in 2001 and 2002. In 2003 they were amongst the nine Italian design firms commissioned by Immobiliare Novoli for the construction of a large city block in the ex-Fiat area of Florence. In 2004, in collaboration with the architect Rafael Moneo, the firm participated in an invitational competition for the design of the new Palazzo del Cinema in Venice. In 2005 they won the invitational competition for the design of the Alban Tower, as part of the masterplan for the new city center in Tirana, Albania. Also in 2005, they won the international invitational competition, promoted by Pirelli Re and Morgan Stanley, for the former Ansaldo area in the Grande Bicocca zone of Milan. In 2007 they placed second in the competition for the design of the Music and Culture Park in Florence.

In 2011 they won the international invitational competition for the design of the International Grape Exhibition Garden in Yanqing, near Beijing, China, inaugurated in 2014. In 2012 they received an AIT-Award in the Industrial Production category for their project for the Perfetti Van Melle factory, and again in 2012 for their project for the Antinori winery in the Chianti Classico region (Florence). In 2014 they were awarded an honorable mention for their entry in the Central Bank of Libya New Building Limited Architectural Competition, organized and promoted by CBL (the Central Bank of Libya). In 2015, the Antinori nel Chianti Classico winery, in San Casciano Val di Pesa, near Florence, was amongst the five finalists for the Mies van der Rohe EU Prize for Contemporary Architecture. In 2016, the firm won the competition for the construction of the New National Stadium of Albania, which was inaugurated in November 2019. In 2017 the firm won the international invitational competition for their design for the new Thermal Centre in Ponte di Legno, near Brescia, Italy. In 2018 they won the international invitational competition for the planning and development of the new Rublyovo-Arkhangelsky urban expansion district in Moscow.

Nell'ambito di esposizioni ed iniziative culturali, lo studio partecipa, organizza e progetta molteplici eventi e mostre. Nel 1996, con il Centro divertimenti di Curno (BG), lo studio viene incluso nella sezione italiana della VI Mostra Internazionale di Architettura de La Biennale di Venezia; nel 2002, con l'abitazione privata a Leffe, è selezionato per la Mostra Internazionale sull'Architettura di Pietra e per la Rassegna Italiana di Architettura di Tokyo intitolata "Dal futurismo al possibile futuro"; nel 2008 il progetto della Biblioteca Municipale di Nembro (BG) è selezionato per la mostra organizzata dal Design Museum di Londra e nel 2010 è esposto alla mostra "AILATI Riflessi dal futuro" nell'ambito della XII Mostra Internazionale di Architettura de La Biennale di Venezia. Nel 2011, il MuBe, Museo Brasiliano di Scultura di San Paolo del Brasile, ospita la mostra monografica "ARCHEA Sustainable Landmarks". Nel 2012 i progetti della cantina Antinori nel Chianti Classico e l'ampliamento della sede della Perfetti Van Melle sono esposti alla mostra "Architetture del Made in Italy" nell'ambito della XIII Mostra Internazionale di Architettura de La Biennale di Venezia. Nel 2014 la cantina Antinori nel Chianti Classico è esposta alla mostra "Innesti/Grafting" nell'ambito della XIV Mostra Internazionale di Architettura de La Biennale di Venezia. Nel 2018, il progetto dell'edificio/studio in Rua Harmonia a San Paolo, Brasile, è esposto alla mostra "Metropoli Novissima" promossa dalla Fondazione Annali dell'Architettura e delle Città a Napoli.

Tra i principali progetti realizzati, in aggiunta a quelli già menzionati, si citano il Padiglione B3-2 nell'area Urban Best Practices nell'ambito dell'Expo 2010 a Shanghai; il World Ceramic Art City a Liling in Cina; il complesso residenziale Colle Loreto a Lugano, Svizzera; il recupero e la trasformazione dell'ex magazzino vini di Trieste ora sede di Eataly; l'Headquarter per gli uffici della Sanlorenzo SPA a La Spezia; il recupero e la trasformazione del Mercato Centrale di Firenze e quello de La Valletta a Malta, il TSH – The Student Hotel e la trasformazione del comparto produttivo denominato "manovia" per Salvatore Ferragamo a Firenze. Da poco sono conclusi i lavori per la ristrutturazione e rinnovo del nuovo Hotel Universo a Lucca per il gruppo Marriott – Autograph Collection e il progetto The Veil ad Astana (Nur-Sultan) in Kazakistan, che ospita ristoranti, negozi e un boutique hotel comprensivo di spa.

Sono attualmente in fase di realizzazione, tra gli altri, la riqualificazione della Piazza a Mare di Durazzo, Albania; la cantina Changri-La a Penglai, Cina; il complesso residenziale nel quartiere San Donato, il recupero e la trasformazione dell'Ex Cinema Astra 2 e il nuovo Training Centre per ACF Fiorentina tutti a Firenze, oltre al già menzionato Nuovo Centro Termale Benessere a Ponte di Legno (BS), edifici residenziali a Cancun in Messico, a San Paolo in Brasile e in Russia.

Lo studio ha inoltre importanti progetti in corso, l'ampliamento di Ba Na Hills dove è in progettazione una nuova cantina, con un museo e un teatro e il nuovo ponte Kiss Bridge, entrambi in Vietnam. È in via di sviluppo il progetto definitivo della fabbrica LeoFrance, a Firenze, mentre continua un'ulteriore fase progettuale per l'espansione urbana Rublyovo-Arkhangelsky – un nuovo insediamento a circa 70 km da Mosca – e la definizione di un masterplan per Kastrati Group, a Tirana, in cui si prevedono hotel, torri per uffici e uno shopping center.

The firm designs, organizes, and participates in numerous exhibitions and cultural events. In 1996, with its design for the Curno entertainment complex near Bergamo, the firm was included in the Italian section of the 6th International Architecture Exhibition of the Venice Biennale. In 2002, with its Private House in Leffe, the firm was selected for the International Exhibition on Stone Architecture and for the Italian Review of Architecture in Tokyo, entitled *From Futurism to the Possible Future*. In 2008 their project for the Public Library of Nembro, near Bergamo, was selected for the exhibition organized by the London Design Museum, and in 2010 it was included in the exhibition *AILATI Riflessi dal futuro* at the 12th International Architecture Exhibition of the Venice Biennale. In 2011 the MuBe, the Brazilian Sculpture Museum in São Paolo, hosted the monograph exhibition *ARCHEA Sustainable Landmarks*. In 2012 the projects for the Antinori nel Chianti Classico winery and for the expansion of the Perfetti Van Melle factory were displayed at the exhibition Architetture del Made in Italy at the 13th International Architecture Exhibition of the Venice Biennale. In 2014 the Antinori nel Chianti Classico winery was featured at the *Innesti/Grafting* exhibition at the 14th International Architecture Exhibition of the Venice Biennale. In 2018 their project for a home/studio on Rua Harmonia in São Paulo, Brazil, was displayed at the exhibition *Metropoli Novissima*, held by the Fondazione Annali dell'Architettura e delle Città in Naples.

Among their most important completed projects, in addition to those already mentioned, are the B3-2 Pavilion in the Urban Best Practices area of Expo 2010 in Shanghai; the World Ceramic Art City in Liling, China; the Colle Loreto residential building in Lugano, Switzerland; the renovation of a wine house in Trieste and its transformation into an Eataly store; the headquarters building for Sanlorenzo SPA in La Spezia; the renovation and transformation of the Central Market in Florence, as well as the one in Valletta, Malta; and TSH – The Student Hotel, and the transformation of the "Manovia" factory building for Salvatore Ferragamo, both in Florence. They have recently completed the renovation and refurbishment of the new Hotel Universo in Lucca for the Marriott Group – Autograph Collection, as well as the construction of The Veil in Astana (Nur-Sultan), Kazakhstan, which hosts restaurants, shops, and a boutique hotel, complete with spa.

Currently under construction, among others, are the redevelopment of the Seaside Square in Durrës, Albania; the Changri-La winery in Penglai, China; the residential complex in the San Donato neighborhood of Florence; the renovation and adaptive reuse of the former Cinema Astra 2 and the new Training Centre for ACF Fiorentina, both also in Florence; the above-mentioned Thermal Centre in Ponte di Legno, Brescia; and residential buildings in Cancun, Mexico, in São Paulo, Brazil, and in Russia.

The firm also has important projects underway in the design phases, including the expansion of the Ba Na Hills mountain resort, with a new winery, museum and theater, and the new Kiss Bridge, both in Vietnam. The project for the LeoFrance factory in Florence is in the final stages, while design development continues for the urban expansion of Rublyovo-Arkhangelsky – a new urban district approximately 70 km from Moscow – and a master plan for the Kastrati Group, in Tirana, with hotels, office towers and a shopping center.

Questo volume è stato stampato nel mese di marzo 2021 da Cartografica Toscana srl, Pistoia, Italia
This volume was printed in March 2021 by Cartografica Toscana srl, Pistoia, Italy